経営者のための
実践的
コンプライアンス

細田　隆　著

株式会社きんざい

はじめに

コンプライアンスという言葉を初めて聞いた時、なじみのない言葉であり、そのうち消えていくのではないかと思った覚えがある。

ところが、その後、企業の不祥事が続いたためか、いよいよ、この言葉は、日本社会のなかで定着してきた。

筆者は最近、公的金融機関などの組織で、マネージメントに参画する職務を行ってきたが、それぞれの立場で、社会の多くの経営者の方々と接し、また、組織のコンプライアンスにかかわりをもってみると、現在では、各組織において、コンプライアンスが大変重要な要素になっていることを、あらためて認識した。

そして、企業におけるコンプライアンスの状況は、それぞれの企業の企業文化や企業風土と密接な関係にあること、また、コンプライアンスは、企業の経営者の考え方に大きな影響を受けるので、経営者がリードするものであるということも強く感じるようになった。

また、現在では、大手企業では、コンプライアンスについて、それなりのかたちづくりをすませ、実践の段階になってきているところが多いと思われるが、コンプライアンスは、かたちづくりよりも、実践が重要である。コンプライアンスのかたちづくりをすませた大手企業でも、実践の段階では、さまざまな課題があるのではないかということも感じるようになった。

特に、最近では、コンプライアンスのかたちづくりがすんだ後に、新たに経営者の地位に就いた方々もふえている。こうした方々は、むしろ、コンプライアンスの実践面での課題に直面していることであろう。

また、中堅・中小企業では、これからコンプライアンスに取り組もうというところもあろう。

現在では、コンプライアンス関係の書籍は多数にのぼっているが、コンプライアンス担当者向けのものが多く、経営者の視点に立っているものは、少ないように思う。

そこで、企業の経営者の方々を対象に、コンプライアンスの重要性や、経営者の立場で企業のコンプライアンスに取り組む際の留意点について、私なりの体験に基づいて得た考えを示そうと、この本を執筆した。

また、この本は、経営者の方々と面談する機会が多く、コンプライアンスを含めさまざまな経営上の課題についてアドバイスをすることの多い、金融機関の役職員の方々にも有益なものとなるよう配意した。

経営者は、企業経営において、精力を注がなければならないことが多く、忙しいので、なるべく、専門的なこと、制度の細部や個々の法令の細部よりは、経営者の視点にとって、重要な点を中心に記述したつもりである。

なお、この本で、経営者というのは、経営トップの方々はもちろんであるが、企業において、各部門の長として、一定の部門運営の責任のある役員の方々も含まれている。また、この本は、筆者の個人の責任で個人の考えを書いたものであり、いかなる組織の見解を示すものではないことを、あらためてお断りしておく。

本書の執筆・出版については、株式会社きんざいの西野弘幸氏に大変お世話になった。この場を借りて厚く感謝を申し上げる。また、休日の執筆にもかかわらず、応援してくれた母、妻の敦子、娘の若奈、瑞穂にもあらためて感謝したい。

二〇一三年三月

細田　隆

目　次

第一章　企業経営にとってコンプライアンスはなぜ重要か

1　企業にとってコンプライアンスは重要に……2
2　企業不祥事がなぜ多くなったのか……4
3　「事前規制社会」から「事後規制社会」へ……5
4　「事後規制社会」への変化は国際化の進展が大きく影響……7
5　日本の社会の変化……9
6　事後規制社会ではルール違反へのペナルティーは重い……15
7　コンプライアンス・ビッグバン……19

第二章　企業のコンプライアンス経営の内容

1　ルール違反の「ルール」とは……24
2　日本型コンプライアンス……29
3　CSR（企業の社会的責任）、CS（顧客満足）との関係は……32
4　コンプライアンス経営の進め方……35

第三章 コンプライアンス経営において大切なこと

1 経営者の意思が最も大切……42
2 企業の発展・成長戦略との関係……46
3 考えるコンプライアンス……48
4 従前のコンプライアンスでうまくいかなかったのは……54

第四章 コンプライアンスのかたちづくりのための諸制度

1 コンプライアンスのかたちづくりのための諸制度……60
2 法　令……60
3 COSOレポート……66
4 金融検査マニュアル……71
5 COSOのERMフレームワークへの拡張……75
6 アメリカの連邦量刑ガイドライン……78

第五章　経営者自身についてのコンプライアンス

1　経営者自身についてのコンプライアンス……84
2　経営者への統制は、コーポレートガバナンスの論点……88
3　経営者が考えるべき方向……91
4　企業内の意見を聞く……93
5　社外の意見を聞く……97
6　監査人の見方（監査人とのコミュニケーションも有意義）……100

第六章　企業におけるコンプライアンスのかたちづくり

1　かたちづくりの意味……102
2　組織・仕組み……104
3　コンプライアンス推進のための文書の作成……108
4　コンプライアンスのかたちづくりの留意点……110
5　社内通報制度についての留意点……112

第七章　コンプライアンスの実践

1　コンプライアンスの実践……120
2　考えるコンプライアンス……121
3　「考えるコンプライアンス」の進め方の役割分担……123
4　よく起きる企業不祥事の類型とその防止策……129

第八章　職場環境の問題

1　職場環境の問題……136
2　セクハラと男女雇用機会均等法……137
3　パワハラ……142
4　メンタルヘルスの問題を抱えた従業員……151
5　雇用関係の多様化……151

第九章　不幸にして不祥事が生じたときの対応

1　不祥事の発生……154

2　不祥事対応の考え方……156
3　不祥事の発生と外部に知られるのがほぼ同時の場合……161

第一章

企業経営にとって
コンプライアンスはなぜ重要か

1　企業にとってコンプライアンスは重要に

(1)　コンプライアンスという言葉

コンプライアンスという言葉が日本でよく使われるようになったのは、一九八七年に起きた、ある機械メーカーによるココム違反事件がきっかけとされる。その事件をふまえ、その機械メーカーは、輸出規制関連法規を遵守するために、コンプライアンス・プログラムを作成することになった。このあたりが、はじまりのようである。

このコンプライアンスという言葉は、「期待に沿う」というような意味の語源があり、「ルールを守る」という意味で使われているようだ。英単語でも、日本人にはなじみの少ない言葉で、直感では意味がわかりにくい言葉であった。しかしながら、消えていくわけでもなく、むしろ、二〇年少々たったいま、日本でも、言葉としては、定着してきた。

(2)　企業の不祥事があるとコンプライアンス強化が叫ばれる

企業がルール違反をして不祥事となると、その企業は、その後は不祥事を起こさないようにするということで、「コンプライアンスを強化します」ということが多い。企業不祥事が起きなくなれば、コンプライアンスというなじみの少ない言葉は、忘れられたはずである。つまり、コンプライアンスという言葉が日本に定着したのは、企業の不祥事が続き、しばしばコンプライアンス強化がいわれたために聞き慣れるようになったわけだ。

(3) 企業のコンプライアンスの強化の進展と実践面での難題

そして、いまでは、企業にとって、また企業経営者にとって、コンプライアンスはいよいよ重要なものとなっている。

すでに、多くの企業でコンプライアンスの強化を進めている。

少し前の数字であるが、日本経済団体連合会が二〇〇七年秋に会員企業に対して行った企業倫理への取組みについてのアンケート調査（二〇〇八年二月公表）によると、回答のあった五九三社のなかで、その時点で「行動憲章」等を制定している企業は、九七・八％に達し、横断的な推進機関の設置や担当役員の任命など企業倫理に関するなんらかの社内横断的な取組体制を構築している企業も九七・一％に達している。

また、大手企業ではなくてもコンプライアンスの強化を行い、または今後強化しようと考えている企業も多いことであろう。

しかしながら、こうした「行動憲章」の作成や社内体制の整備をすれば、コンプライアンスへの対応がすみ、企業不祥事が発生しなくなるというものではない。コンプライアンスの実効性をあげなければならない。そうしたことは、すでに「行動憲章」の作成や社内体制の整備を行った企業の方々は実感しておられるであろう。

そこで、語源や英語としての言葉の意味はさておき、コンプライアンスの実効性をあげるために、企業は何をし企業の経営者は何をしなければならないのか。

これは、実践の面においては、なかなかむずかしい課題である。
本書では、その課題をテーマとしている。

2 企業不祥事がなぜ多くなったのか

(1) どうして企業不祥事が続くのか

そもそも、どうして日本で企業不祥事が多くなり、それが続くのだろうか。はじめにこの章で、コンプライアンス強化の背景となっている、この問題を考えてみよう。

(2) 企業が金儲け主義になってルール違反をするから？

近年、企業不祥事が多くなったのは、日本の企業の金儲け主義が強くなり、ルール違反をしてでも儲けようという企業が多くなったためだろうか。

そうした傾向は、まったくないとはいえない。しかしながら、それは主たる原因とはいえない。日本の企業の多くは利益をあげることはもちろん必要視するが、ルールを守るということは当然の前提として考えてきた。そうした傾向が近年急激に変わったというわけでもない。

(3) 社会のほうが変わった

やはり、企業の不祥事が続くのは、社会のほうが変わったという要因のほうが大きいと思われる。社会のほうで、「コンプライアンス・ビッグバン」と呼べるような大きな変化が生じたのである。

その変化を一口でいえば、日本が「事前規制社会」から「事後規制社会」になったということである。

3 「事前規制社会」から「事後規制社会」へ

(1) かつての日本は事前規制社会

戦後の日本の経済社会は、しばらくの間、「事前規制社会」という色彩が濃かった。

「事前規制社会」を簡単にいえば、法令、官庁の行政指導、あるいは業界内のルールなどのさまざまな規制により、企業のやれることの範囲は比較的狭く限定される。そして、そのやれる範囲内のことをする場合にも、行政の指導や業界の話合いにより、やり方が定められている。企業は、通常、その定めに従って行動するので、その限りにおいてルール違反はあまり起きない。

そして、万一、企業にルール違反や定められたやり方に反する問題行動があった場合には、その行為を処罰するというよりは、行政指導や業界内の話合いにより是正される場合が多かった。また、その行政指導や業界内の話合いは、必ずしも公開されるものではなかったので、ルール違反や問題行動があったこと自体が世間に知られないということが多かった。

こうした社会が続いていたのである。

(2) いまの日本は事後規制社会になった

それが、ここ二十数年の間に、日本は急激に「事後規制社会」に変わった。

「事後規制社会」に変わっていくと、まず規制緩和が行われ、企業が行うことができる領域は広がった。ただし、その領域においては企業は自由勝手に行動できるのではなく、規制緩和と同時に、消費者保護や競争条件の整備など社会のニーズに沿って、企業などの市場参加者が守るべき明確なルールが定められるようになった。

こうしたルールの増加は、新たにできるようになった領域のみならず、いままで企業が行っていた領域についても当てはまり、従来は行政の指導や業界の話合いに従って業務を行ってきた分野についても、明確なルールが定まり、行政指導や業界の話合いではなく、そのルールを守ることが求められるようになった。

そして、ルールを守ることはその競争に参加する資格になり、企業はそのルールを守ったうえで競争することが求められる。そこで、ルールの実効性を確保するため、ルール違反は摘発され、厳罰が科せられるようになった。

また、そのルールは市場での取引の実態やそれに基づいた社会のニーズをふまえ、時の経過とともに、さらに細かく厳しくなっていくことが多い。

これが、「事後規制社会」である。

つまり、日本は近年、「事後規制社会」になって、規制緩和が行われてできる領域が多くなったと同時に、ルールがふえてルール違反が起きやすくなり、またルール違反は摘発されて、厳罰に処せられるようになったわけである。

4 「事後規制社会」への変化は国際化の進展が大きく影響

(1) 「事後規制社会」に変わったのは国際化の進展が大きく影響

では、なぜ日本はここ二十数年で「事後規制社会」に変わったのであろうか。

これはやはり、この間に進んだ国際化が大きく影響していると考えられる。国際化を進めると、外国企業、外国商品の日本市場への参入を認めることになる。日本市場において、「事前規制社会」時代のような行政の指導や業界の話合いでものごとを決めるようなやり方は、外国からみると、日本の企業には有利だが、外国企業にとっては不透明で不公正なことと思われた。

そこで、国際化の進展とともに、外国からの要求もあって、規制緩和を進めて日本市場の外国企業への開放を進めるとともに、透明なルールのもとで競争ができるよう「事後規制社会」の枠組みの導入が進められたのである。

(2)「事後規制社会」はもともとアメリカ的な考え方

「事後規制社会」は、もともとアメリカ的な考え方である。移民社会のアメリカでは、行政指導や業界内の調整という方法ではなく、透明なルールを定め、そのルールのもとで競争することが公正であると考える。そして、違反者に対しては刑事上、民事上の厳罰に処することでルールを守らせようとする。日本は、国際化を進める過程で、アメリカ的な「事後規制社会」への転換が進められたわけだ。

(3) 日米間の諸協議の進行

こうしたアメリカの影響は、一九八〇年代末頃からの日米間の諸協議からもみてとれる。

一九八九年から九〇年にかけて行われた日米構造協議により、大型店の規制緩和や独占禁止法の強化による排他的取引慣行の改善や系列取引の監視などが行われることになった。また、建設に係る日米協議では、公共事業の入札・契約制度の閉鎖性、指名競争入札が問題となり、とりわけ談合の排除について協議が行われた。その後も、日米間では、日米包括経済協議や年次改革要望書などとかたちを変えて、日本の市場開放、規制緩和に向けた協議が行われた。

こうした、いわゆる「外圧」も、事前規制社会から事後規制社会への転換を促した。

(4) アメリカ社会のルールはグローバル・ルールになりやすい

アメリカ社会のルールはアメリカが決めればいいが、なぜ日本がアメリカの考え方に追随しなくてはいけないのかと疑問に感じる方も多いことであろう。

現実問題として、アメリカは国力も強く、アメリカのいうことはむげにはできない。

しかし、基本的には、アメリカは移民社会で、多様な価値観の人々が交じり合ってできている社会である。そこで成立したルールは、今日のように世界全体規模で経済の国際化が進んでくると、価値観の異なる国々の間で適用されるルールとして、各国で受け入れやすいという面がある。つまり、アメリカ・ルールはグローバル・ルールになりやすい。

そこで、日本の経済の国際化を進める過程で、アメリカの考え方を受け入れたという面もあるのである。

5 日本の社会の変化

(1) 日本の社会は「事後規制社会」への変化に伴い大きく変わった

こうした国際化の進展を背景にした「事前規制社会」から「事後規制社会」への変化に伴い、日本の社会は大きく変わった。
以下、その具体例をみていこう。

(2) 行政は変わった

行政は変わった。以前は、行政はどちらかといえば所管の業界を守り、また、業界秩序を守ることを重視して行政指導を行うことが多かった。法令違反についても必ずしも違反の事実を公表せずに、内々の行政指導による改善ですませることも多かった。

それが、今日では法令を厳格に適用し、法令違反があれば法律に基づいた行政処分を行い、それを公表することが多くなった。刑事罰があれば、刑事告発も行うことがある。

こうした変化の顕著な例を示そう。

金融行政では、かつては大蔵省（当時）が金融機関を細かく監督し、「護送船団行政」といわれた時代もあった。いまは、金融庁に移行し、その監督において長文の監督指針が定められ公表され、こうした方針を含め、ルールに沿った行政が行われている。また、行政処分についての基準も示されており、実際にも行政処分が頻繁に行われていることが報道されている。金融機関の方々は、こうした変化を実感されていることであろう。

独占禁止法行政では、公正取引委員会の活動の活発化が著しい。業界内の談合について、厳しい態度を示すようになっている。司法当局においても、入札における談合などについて厳しい態度で摘発を進めている。二〇〇三年には、いわゆる官製談合防止法も施行され、発注官庁が入札の調節をするような場合も、「官製談合」として、公正取引委員会による改善措置要求や刑事事件が頻発するようになった。

こうした例にみられるように、行政の側も事後規制社会への適応が進んでいるのである。

(3) 間接金融から直接金融へ——市場の評価が重要に

企業金融の世界でも、銀行から資金を借りる間接金融から、株式市場、債券市場といった市場から資金を調達する直接金融への移行の動きが進んでいる。現状では、量的には間接金融のウェイトが高いものの、企業にとって、市場調達の拡大とともに市場の影響力が増している。株式の持合いの解消が進み、外国人投資家を含む投資家の純投資の比率が増加していることも、こうした傾向を促進している。

銀行融資の場合は、借り手である企業と貸し手である銀行と二者の関係であり、企業にとってはメインバンクなどの銀行からの評価が重要であったが、市場調達の場合には、市場を形成する市場参加者という不特定多数の投資家の評価が重要になる。

(4) 労働市場の変化により企業の従業員の意識も多様化した

規制緩和により労働市場も変わった。企業においても終身雇用を前提とした従業員の雇用が原則であったものが、企業内あるいは企業の取引先において有期契約の雇用関係が増加するなど、雇用形態の多様化が進んだ。また、賃金体系についても、年功序列賃金体系から成果主義の要素が増加している。こうした雇用形態・賃金体系の変化を背景に、企業内外の従業員の意識の多様化も進んでいる。さらに、経費節減などを目的とした外注の増加により、企業内の仕事に企業とは直接の雇用関係のない者が参加することも増加している。

こうしたことは、企業における不正発生のリスクを高めるとともに、企業内の情報が内部告発によるものも含め企業の外へ伝わる可能性の増加も招いている。

(5) 消費者の意識も変化した

こうした社会の変化を受けて、消費者の意識も変わってきた。規制緩和により、消費者には、そのニーズに応じて従来はなかった多様な商品やサービスが提供されるようになったが、提供する企業がルールを守らず、消費者の安心・安全が確保されていない商品・サービスが提供されれば、消費者が損害を被ってしまうというリスクも高まった。事後規制社会では、ルール違反をした企業は事後的には処罰されるかもしれないが、商品・サービスの提供時点では違反しているかどうかはわからない。消費者も購入する商品・サービスの品質について、「自己責任」を負うことになったのである。

そこで、消費者としても自分の安心・安全が害されるかもしれないので、企業のルール違反について、厳しい反応を示すようになった。

(6) 法令上、企業の経営者の責任は重くなっている

二〇〇六年施行の会社法制定に際し、大会社については内部統制システムの整備が義務づけられた。また、金融商品取引法において、上場会社では取締役に財務報告に係る内部統制の有効性についての評価が義務づけられ、その評価について監査法人による監査が義務づけられた。

また、判例であるが、取締役の会社法上の善管注意義務のなかに、内部統制の仕組みを構築することも含まれているとしたものも出ている。内部統制の仕組みの構築を怠ると、取締役の個人責任を追及されるということで

ある。

こうして、企業経営者の責任は重くなっている。

(7) 司法制度の改革は、訴訟リスクを高めた

裁判手続をよりスムーズにしようという司法制度の改革が進められた。また、司法制度改革の一環として、ロースクールの開始など法曹養成の改革が行われたことにより、新規の弁護士参入は急増し、訴訟提起のハードルは下がっている。このため、企業の役員については、善管注意義務違反を理由とする株主代表訴訟や第三者からの損害賠償請求訴訟を受けるといった訴訟リスクが増大している。

(8) 反社会的勢力への対応の強化も求められている

また、これは規制緩和とは別の話かもしれないが、近年、暴力団排除条例の制定の動きが進んでいることに示されるように、企業に対して反社会的勢力への対応の強化を求める声が強まっている。

企業としても、従来にも増して、こうした社会の要請にも十分応えていくことが必要になっている。

(9) 情報化の進展は個人情報保護の意識を高めた

これも規制緩和とは別の話ではあるが、情報化の進展で情報拡散のスピードが急速に上昇した。このことを背景に、消費者の側からの企業がもっている自己の個人情報を企業が勝手にもらさないでほしいという要求も強まった。消費者にとって、自己の個人情報の拡散のスピードも急上昇するとともに、ひとたび社会に拡散した自己

の個人情報の回収は、ほとんど困難になったためである。

このため、企業はその顧客の個人情報の管理を強化しなければならなくなっている。

⑽ 情報化の進展は企業のネガティブ情報の拡散スピードを高めた

情報化の進展により、企業についてのネガティブな情報が、内部告発によるものも含め、ネットの活用などを通じて拡散するスピードが格段に速まっている。

⑾ 企業も変化している

このように、日本においては、社会が大きく変わっているのであるが、日本の企業も、こうした日本社会の大きな変動のなかで変わっていっている。

もともと、日本の企業は、おおむね従業員を大事にし社会良識に沿って行動することを重視しているところが多い。

しかしながら、国際化の進展により、国外市場や国外企業との競争が激化するにつれ、生き残りのための収益確保の要請も厳しくなった。

そうしたなかで、企業内の労働関係の多様化が進んでいる。また、同一商品の大量生産から少量多品種生産への動きも進み、生産管理・品質確保も相当に複雑化している。

こうした企業自身の変化も、企業内においてルール違反発生の可能性を高めている。

6　事後規制社会ではルール違反へのペナルティーは重い

(1)　事後規制社会のペナルティーは重い

「事後規制社会」では、ルールを守ったうえで競争を行うことが求められているのであるから、ルールを守らせるため、一般にルール違反は重く罰せられる。ルールを守らない企業は、競争に参加する資格がないとして、競争の場からの退場を求められることもある。

特に、この「事後規制社会」の本家であるアメリカにおいては、法令違反の刑事罰も重く、民事罰である損害賠償も相当重くて、被害者の損害額を超えた懲罰的損害賠償も認められる場合がある。アメリカでは、こうした刑事・民事の司法手続による懲罰が制度化され実施されている。

こうした重い懲罰を抑止力として、法令を守らせようとし、実際に法令違反を起こせば、競争の場から退出させることも辞さないのである。

(2)　日本では、刑事罰・民事罰・行政処分だけでは終わらない

日本では、法令違反の処罰はやはり重いが、アメリカと少し異なるところがある。

日本でも、法令違反については、刑事罰・民事罰あるいは行政処分が科される。

ただ、その処罰の水準については、アメリカのような極端に重いことはない。そして、その量定については、基本的には一定の法令で認められた幅の範囲で、刑事罰・民事罰であれば、司法手続のなかで裁判所により法令違反の程度が勘案されて決定される。行政処分であれば、所管の行政庁において、やはり、これまでの前例も勘案したうえで法令違反の程度に応じた処分が行われる。

しかしながら、日本ではこれだけでは終わらない。「事後規制社会」になって、企業が刑事罰、民事罰を受けることが増加している。こうした司法手続が行われると、「世間」の知るところになる。また、行政官庁による行政処分もふえたが、その行政処分の事実が公表されることが多くなっている。

(3) ルール違反は「世間」から非難され社会的制裁を受ける

日本では、企業がルール違反を起こしたことをマスコミ報道等で「世間」が知ると、「世間」は、その報道等の内容に応じて不祥事としてその企業を非難することが多い。非難の程度は、ルール違反の程度ばかりでなく報道のされ方にも大きく影響を受ける。通常、報道され始めた段階ではルール違反の全貌は必ずしも明らかではない場合が多いが、とりあえず報道された内容に基づいて、非難が開始される。その非難が起きるのは、必ずしも企業が法令違反をした場合に限られない。「世間」は非難するような内容があると受け取れば非難するのである。そして、情報化が進んだ昨今では、ネットを通じて、そうした非難が急拡大する可能性が大きくなっている。

そして、非難だけならまだしも、その「世間」からの非難の結果、企業への信頼が低下すると、その企業の提供する商品・サービスについての評価が低くなり、売上げが減少する場合が出てくる。こうした売上げへの影響の大小は、企業の提供している商品・サービスの性格にもよるが、一般に、消費財の場合は、こうした売上げへの影響が出やすい。こうなると、社会的非難が社会的制裁のレベルに達する。

(4) 社会的制裁は金融市場を通じて拡大する

売上げが減少するようなことになれば、企業の業績の低下が見込まれることになる。業績低下は企業価値を下げることになる。その場合、金融市場からの資金調達をしている企業は、格付が下がるなど、市場からの評価が下がる。このため、資金調達条件が悪化する。

資金調達について、銀行融資中心であれば、メインバンクをはじめとする融資をしている金融機関は、企業価値の毀損は望まないので、資金繰りの問題は、オープンになることなく、銀行との調整で解決することが多かった。市場調達はこれと状況が異なり、資金調達条件の悪化は、調達金利の上昇を通じてさらなる企業収益の悪化を招く。また、証券取引所に株式を上場していれば、業績低下や資金調達条件の悪化を反映して、株価も低下し、さらに企業の評価を下げる。

こうしたマイナスのスパイラルが生じれば、企業は厳しい危機に陥り、場合によっては企業の存亡にもかかわる危機に直面することにもなりかねない。

企業のルール違反が財務諸表の内容に関係するものであった場合には、ルール違反そのものが、直接、金融市場における信用を害し、金融市場からの評価の低下となって、企業に大きなダメージを与える。

こうして、社会的制裁は金融市場を通じて拡大する。

なお、このように金融市場からの評価が下がり、株価の下落が生じた場合には、企業経営者は、内部統制を十分行わなかったためにルール違反を防げず企業の業績悪化を招き、企業に損失を生じさせたとして、個人的にも会社に対して善管注意義務違反による損害賠償責任を負うことがある。株主からの株主代表訴訟を受けるリスクも出てくる。また、善管注意義務違反となれば、株価低下を招いたことについて、経営者は、株主から株価低下による株主自身の損害に対して、賠償請求を受けるリスクも出てくる。

(5) 社会的制裁の量刑はそのときの状況次第

法令違反に対する刑事・民事・行政処分は、やはり法令に基づく処罰なので、先に述べたように、法令違反の程度と処罰の程度はバランスが考慮される。軽い法令違反であれば、処罰もそれに応じた範囲内である。

ところが、社会的非難やそれが招く社会的制裁の程度は、以上のように企業のルール違反についての「世間」の受け止め方や、反応の広がり方の程度次第であり、どこまで厳しくなるのかは事前にはわからない。このことは、ぜひ頭に置いておく必要がある。

7　コンプライアンス・ビッグバン

(1)　ルール違反に対する社会の反応は大きく変わった

こうして日本社会は、「事前規制社会」から「事後規制社会」に変わり、ルール違反に対する社会の反応は大きく変わった。企業にとってみると、同じことをしたとしても、昔は内々で処理されたことが、いまは世間でルール違反だと騒がれて不祥事になり、厳罰に処せられ大きなダメージを受けるようになったわけだ。

(2)　変化のキーワードは、「Free」「Fair」「Global」

こうしたルール違反に対する社会の変化のキーワードは、「Free」「Fair」「Global」である。

すなわち、「事前規制社会」から規制緩和が進んで、やれることが多くなったという点で「Free」である。他方、「事後規制社会」になって、やれる範囲においては消費者や社会に対して公正な競争を行うためのルールが決められるようになったという点で「Fair」である。こうした社会の変化は日本経済の国際化がもたらしたという点で「Global」である。

なお、コンプライアンスとの関係では、このうち「Fair」が重要である。消費者に対する「Fair」、公正な競争を行うということでの「Fair」である。

(3) コンプライアンス・ビッグバン

ところで、「Free」「Fair」「Global」のキーワードといえば、金融界で「日本版金融ビッグバン」を思い出す人が多いのではないか。

「日本版金融ビッグバン」は、一九九六年に当時の橋本総理大臣から指示されたもので、大規模な金融改革を行い、日本もニューヨーク、ロンドン並みの国際市場にしようとするものであった。その際に、改革の三原則として示されたのが「Free」「Fair」「Global」の三つの言葉であった。

キーワードが共通ということは、必ずしも偶然ではない。一九九〇年代から二〇〇〇年代にかけて、日本は経済の国際化に伴い、さまざまな改革を行ってきた。その金融面での表れが金融ビッグバンである。

そして、ちょうどこの時期の前後に、日本においてルール違反に対する社会の反応が変化したことも、ビッグバンという名にふさわしい大きな変化であったと思われる。

そこで、この大きな変化を「コンプライアンス・ビッグバン」と名づけてもいいだろう。

「コンプライアンス・ビッグバン」は、国際化という大きな変化を背景にしているものだけに、近い将来に、もとに戻るということはない。このようにして、コンプライアンスという言葉も定着したわけだ。

(4) コンプライアンスを重視した経営は企業で必須となった

「コンプライアンス・ビッグバン」を経たいま、ルールを守ることが競争市場への参加条件となった。また、ルールがふえてルール違反を起こしやすくなった状況のなかで、ルール違反を起こせば、場合によっては社会的に大きな制裁を受け市場からの退出も迫られることもありうるようになった。

「コンプライアンス・ビッグバン」の結果、企業は、好むと好まざるとに、あるいは望むと望まざるとにかかわらず、ルール違反を起こさないようコンプライアンスの強化を図らなければならなくなった。コンプライアンスを重視し、これを強化した経営をコンプライアンス経営と呼ぶとすると、こうしたコンプライアンス経営は企業にとって必須となったのである。すべての企業活動は、ルールを守ることを前提に行わなければならない。

企業で不祥事が起きれば、いずれコンプライアンスの強化はせざるをえない。不祥事を起こしてからでは、その不祥事に対して大きな社会的非難を受け、社会的制裁を受けるという高い授業料を払ってからということになる。

経営者はこうした変化に対応するよう、不祥事が起きる前から、コンプライアンスを強化しなければならなくなったのだ。

第二章

企業のコンプライアンス経営の内容

1　ルール違反の「ルール」とは

(1)　ルール違反の「ルール」って何？

これまで、コンプライアンスとはルールを守ること、ということを前提に話を進めてきた。この守るべき「ルール」とは何かということは、コンプライアンスやコンプライアンス経営の内容をどうするかという点で重要な問題である。多少議論があるところであり、人によって意見の分かれるところなので、この章では、まず、その問題の検討から始めよう。

(2)　「ルール」についてどう考えるか

この問題は、企業としてなぜコンプライアンスやコンプライアンス経営が重要なのか、という視点で考えることが適当だと考える。

企業がルール違反をすると、前述したように社会からの制裁により、大きなダメージを受けることがある。企業としては、こうしたことを避ける必要があり、そうした観点から、守るべき「ルール」やコンプライアンスの内容を考えることが必要であると思われる。

(3) 法令遵守はコンプライアンスの中心部分

「事後規制社会」において、競争をする際に守るべきルールは、これを明確にするために、基本的には法令により規定される。企業もそうした法令を遵守することは、社会から当然のこととして期待されている。

企業経営の立場からみても、法令違反をすれば司法当局により刑事罰が科せられたり、不法行為として損害賠償の請求を受けたり、行政から行政処分を受けたりする。そして、法令違反に対する懲罰は裁判であれば公開され、行政処分でも公表されることが多い。結局は「世間」の知るところとなる。そうなれば、社会からは競争条件を守らない問題のある企業という評価を受けて、非難され、法的な懲罰のほかに、「社会的制裁」も科される。

したがって、企業のコンプライアンスにおいて、法令は守るべきルールの中心部分にある。むしろ、もともとは、コンプライアンスは法令遵守と同じ意味だとする観念が普通であった。とにかく、コンプライアンス経営において、法令遵守は徹底しなければならない。このことについては、あまり異論はないであろう。

(4) コンプライアンスは法令遵守だけでは足りない

コンプライアンスは法令遵守だけでは足りない。

もちろん、法令違反でなければ、企業は刑事罰、不法行為に対する損害賠償といった民事罰、あるいは、行政処分といった法的制裁を受けることはない。

しかしながら、第一章で述べたように日本では社会的制裁が重い。法令違反でなくても社会的に大きく非難されるような事態を引き起こせば、企業の商品・サービスの売上げが減少し、さらにそうした業績悪化に伴い、金融市場での企業評価が低下し、また資金調達がむずかしくなるなどして、企業が大きなダメージを被ることがある。一種の社会的制裁を受けるわけだ。

したがって、こうしたダメージを受けないようにするためには、企業は法令の違反を避けるというばかりでなく、それ以外に、社会的非難を受けないようにするということも必要である。

(5) 法令のグレーゾーンねらいや、法令の穴ねらいは社会的非難を浴びる

では、法令違反でなくても、社会的非難を受けるのは、どういう場合であろうか。

一つには、法令のグレーゾーンねらいや法令の穴ねらいがある。

法令には、もともと概念ははっきりしているが、違法合法の限界線が必ずしも明確でないものもある。たとえば、金融商品取引法では「適合性の原則」というものが定められているが、これは要すれば、証券等の販売においては、投資家の知識をふまえて行わなければならないということである。この概念自体は明確であるが、たとえばデリバティブを組み込んだ金融商品をどの投資家になら売っていいのか、さらには、どの程度複雑なデリバティブをどの程度の知識がある投資家に売っていいのかということは、法律の文面だけでは、はっきりしない。実務上は、違法合法の境界は、裁判例や調停例などで判断することになる。同様のグレーゾーンは、談合などの独占禁止法関係やインサイダー取引など、企業活動に関係するものでも多くある。

法令のグレーゾーンねらいや、あるいは法令の穴をねらうような行為は、裁判例など実務が変われば違法となる可能性があり、また、直接法令違反と断定されない場合でも、法令は社会的要請を背景としてできているので、いつかは社会から強い非難を浴びる可能性が高い。

事後規制社会において、法令による規制は、利益優先の企業活動によって、消費者などが害されることがないようにという社会の要請に基づいて、後追い的にふえていく場合が多い。法令になったルールも、もとは社会からの要請である。こうした法令のグレーゾーンねらいや法令の穴をねらうようなギリギリの営業活動をしていくことは、社会から望ましくないものとされるものであり、企業として不適切であろう。

したがって、こうした行為は法令違反に準じたものであり、コンプライアンス上望ましくない行為として、企業として行わないようにすべきである。

企業としては、法令のグレーゾーンねらいや法令の穴をねらうような行為をしないためには、法令による規制がどのような社会的要請を背景としているのかを、よく理解することが必要となっている。

(6) 企業が守るべき社会規範から逸脱した行動も社会的非難を浴びるおそれ

企業が、社会から守るべきと期待されている社会規範から逸脱した行動をすると、法令違反ではなくても社会的非難を浴びることがある。そして、社会的非難を浴びれば、結局は社会的制裁を受け、企業に損失をもたらすことになる公算が高い。

そこで、企業としては、社会的制裁によるダメージを避けるため、企業が社会から守るべきと期待されている社会規範から逸脱した行動をすることも、コンプライアンス上、避けるべきである。

この場合、どういう行動が企業が守るべき社会規範から逸脱した行動で、社会的非難を浴びるような行動なのか、ということが問題となる。

その行動をした後であれば、社会の反応をみて社会の評価がわかることになる。しかしながら、行動をしてしまった後で、社会的非難を浴びて社会的制裁を受けてからでは手遅れである。また、社会的非難があるかどうかはルール化されたものではないので、同じ行動をしても、一回目はたいしたことはなくても、二回目は大きなリアクションを受けることもある。行動する前に見極めなければならない。

どのようにしてこの「見極め」をしていくかについては、後ほど検討していこう。

なお、社会規範といった場合、逸脱しないように行動するといった消極的なものではなく、もっと積極的に社会の期待に沿った行動をするという範疇のものもある。後ほどＣＳＲとの関係のところでも述べるが、後者のほうは、範囲があまりにも広いので、そのなかから企業が実施する範囲を選ばなくてはならない。どの範囲を実施するかは、それぞれの経営者が判断して決めるべきものであろう。こうしたものをコンプライアンスの対象と考えることは、むずかしいのではないかと考える。

(7) 企業内規則は法令違反・社会規範逸脱防止と企業内の秩序維持のため

さらに、ルールには企業内の規則がある。

企業内の規則は、二通りに分けることができる。

一つは、規範的性格の強いもの、すなわち法令違反や法令のグレーゾーンねらいまたは法令の穴ねらいを防止しようとそうした行為を企業内で禁止行為として規則化したものや、守るべき社会良識・社会倫理を企業内規則化したものである。こうした規範としての性格をもつ企業内規則に違反すれば、社会的非難を浴びる可能性がある。

もう一つは、たとえば勤務時間など企業内の秩序を定めたものである。その違反により企業運営上の問題は生じるが、それが直ちに社会的非難や社会的制裁につながるものではない。

こうした性格の違いがあるが、社内の個別の規則について、前者と後者のどちらであるかを区別することがむずかしい場合もあるし、また、企業内において、両者をあえて分けて取り扱う必要もない。

そこで、企業のコンプライアンスにおいては、企業内規則の遵守も対象にすることが適当である。

結局、コンプライアンスとは、法令（法令に準ずるものを含む）、守るべき社会規範、企業内規則を遵守することということになる。

2　日本型コンプライアンス

(1)　日本のコンプライアンスは日本社会の特性にあわせることが必要

日本でコンプライアンスが重要になった背景である「事後規制社会」化について、アメリカ型社会が大きく影響していることは、第一章で説明したとおりである。

しかしながら、日本の社会はアメリカとは少し異なっており、コンプライアンスの内容もアメリカとまったく同じでいいというわけではない。日本社会の特性にあわせた修正が必要である。ここでその点を再度確認しておこう。

(2) 日本でのコンプライアンスは守るべき社会規範を重視することが必要

アメリカにおいては、移民社会で共通の価値観というものが形成されにくいといった社会であることをふまえ、ルールは法令のかたちで決められる。法令違反については、刑事罰や損害賠償などの民事罰を非常に重くし、また「訴訟社会」といわれ、司法手続や司法制度を充実させ、懲罰は司法での決着を中心としている。

こうした仕組みとなっている背景には、アメリカにおける企業についての観念も影響している。ウォール街の金融会社が典型であるが、企業は利益をあげる場ないし手段であるとの割切りが強く、株主はキャピタルゲインや配当収入といった株主還元を重視し、経営者はストックオプションを含む業績連動型の高額の報酬を得、従業員は転職社会を前提に雇用されている間に大型ボーナスを得ようとする傾向が強い。このように、企業は利益重視であるという見方を背景に、法令違反は損だということを明確にするために、刑事罰、民事罰を大変に重くする制度ができている。また、後でも述べるが、アメリカでは連邦量刑ガイドラインといって、企業が有効性のあるコンプライアンス・倫理プログラムをもっていると、刑事罰の罰金が軽減されるという量刑ルールも定められている。こうした社会では、コンプライアンスも法令違反を中心に据えることになる。

その点、日本では、企業の側で、企業は利益獲得の場であるとの割切りをしている場合は多くなく、社会からの要請に敏感である場合が多い。また、日本は社会の同質性が高いので、社会の側でも企業に対して社会的存在としての役割への期待が強い。

そこで、その期待が裏切られると、法的な懲罰のみならず社会的非難が強くなり、社会的制裁を科すという発想になるのである。逆に、社会的制裁が機能しているだけに、法令違反については極端に重い刑事罰、民事罰を科すということもされていない。また、アメリカにある連邦量刑ガイドラインのような仕組みもない。

こうしたことから、日本では、法令違反ばかりではなく、社会的に遵守することが期待されている社会規範も、コンプライアンスの対象にしなければならないのである。

このように、日米の社会に相違がある以上、善しあしは別として、日本型コンプライアンスは、こうした相違に留意したものでなければならない。

(3)「不祥事」って何？

日本社会において、社会的に遵守すべき社会規範を重視する傾向は「不祥事」という言葉にも表れている。辞書では、「不祥事」とは「縁起の悪いこと、あってはならないこと」といった漠然とした意味である。

日本では、企業は不祥事を起こしてはいけないことになっているが、企業の「不祥事」というのは、世のなかに知られたことで社会からの信頼を損うような出来事すべてが対象になっていて、法令違反に限られてはいない。

結局、不祥事とは、法令違反のほか社会的に遵守すべき社会規範の違反を含んでおり、コンプライアンスに反するということと、内容としては、ほぼ同じである。ただ、不祥事は世のなかに知られることが前提である。そこで、コンプライアンス違反が世のなかに明らかになれば、普通は不祥事となる。

したがって、情報化が進展した今日においては、不祥事の発生防止のためには、コンプライアンスを強化しなければならないのである。

3　ＣＳＲ（企業の社会的責任）、ＣＳ（顧客満足）との関係は

(1)　ＣＳＲ（企業の社会的責任）との異同

このように、日本ではコンプライアンスの対象に社会規範が入ってくるので、コンプライアンスの内容をさらに確認するため、ここでＣＳＲ（Corporate Social Responsibility＝企業の社会的責任）との関係をみてみよう。

社会は企業に対してさまざまな期待をするが、そうした期待のなかには、その期待に企業が従わないような場合に社会が企業を強く非難するような期待と、そこまで期待は強くないが、企業が期待に沿った行動をした場合には、社会がそれを賞賛するような期待と、二通りある。

このうち、前者のような社会の期待については、企業としては、遵守すべき社会規範としてコンプライアンスの対象とすべきものであると考えられる。

後者については、企業としてその期待に沿って行動することは望ましいことではあるが、その期待の範囲は広く、企業がすべて実施すべきものということはむずかしい。何をどの程度実施するかどうかは、各企業が企業の状況や取り巻く環境をふまえたうえで主体的に判断するべきものである。こうしたものは、ＣＳＲの対象となるがコンプライアンスの対象ではないと整理することができる（図表１）。

図表1　コンプライアンスとCSRとの関係

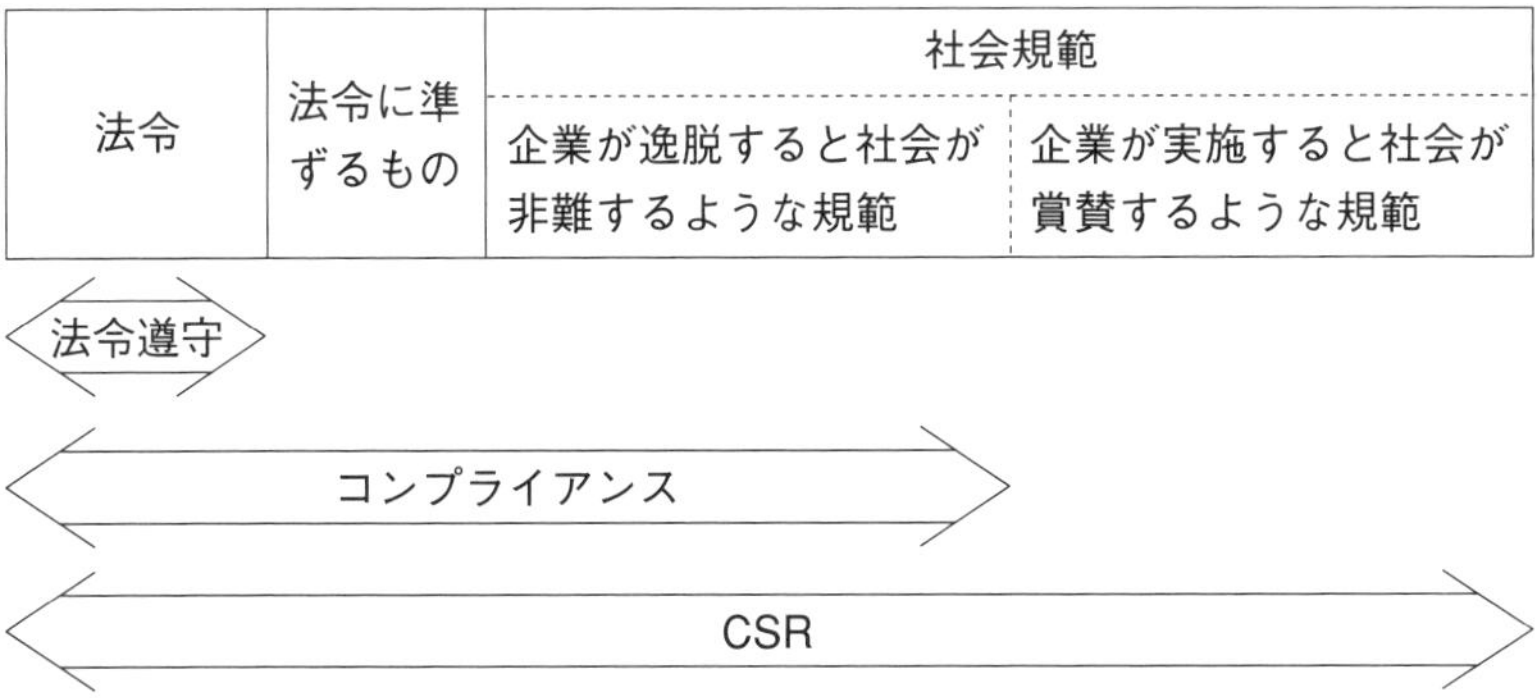

(2) ＣＳＲ重視の経営

ＣＳＲを重視する経営は、コンプライアンスにとどまらず、社会からの要請について、企業としてできるだけ広く受け止めようとするものであって、社会からみて、より望ましい経営といえよう。

日本でも以前から、ごく普通の企業でも社会との調和を重視してきた。地域の中小企業では、地域経済への貢献を重視することが多い。社会との調和は、倫理的に望ましいというばかりでなく、社会からの信頼を高め、企業基盤の強化にも資する。

金融界の言葉でいえば、社会から遵守を期待されている社会規範に違反しないという意味でのコンプライアンスは、ミニマム・プラクティスであり、社会から期待されることを行うというＣＳＲ重視の経営は、ベスト・プラクティスに当たるといえよう。

このようにＣＳＲは、それぞれの企業で経営者の判断により、どの範囲でやるかを決めて主体的に実施するものである。

国際規格を策定する非政府組織である国際標準化機関（ＩＳＯ）も、二〇一〇年に、企業に限らずあらゆる組織の社会的責任の国際規格としてＩＳＯ２６０００「社会的責任に関する手引き」を発行したが、この基準も、第三者認証を目的とせず、要求事項を含まない推奨項目のパッケージであるガイダンス規格として策定されている。

しかしながら、コンプライアンスは、大企業も中小企業も、業種を問わず、利益が出て余裕がある企業でも赤字の企業でも、経営者自身がコンプライアンスに熱心でも、または本心はそう熱心でない場合でも、実施することが必要であるものと位置づけられる。

このように、コンプライアンスは必ず実施しなければならないものなので、逆に、その範囲はあまり広げて考えないほうがいいと思われる。

(3) CS(顧客満足)との関係

さらにいえば、CS(Customer Satisfaction＝顧客満足)との関係も、CSRと似たようなところがある。企業にとって、顧客の満足を図ることは、企業活動の基本であり大変重要なことである。そして、企業がコンプライアンスを強化することは、顧客に誠実な対応をすることもその内容に含まれており、顧客満足の一要素にもなる。また、企業の信頼性が増すという意味でも顧客にとってよいことであろう。

しかしながら、コンプライアンスの領域以外にも、企業が顧客満足のためにすべきことは、商品・サービスの改善をはじめとして数多くある。

また、逆に、顧客満足のためならコンプライアンスをおろそかにしていいということではない。コンプライアンスとCSが両立しない場合、たとえば顧客の要望を満たすことがルール違反となる場合には、そのままでは顧客の要望に応じることはできず、ルールを遵守すべきである。コンプライアンスはCSよりも優先するのである。

このように、CSとコンプライアンスは重なり合う点もあるが、少し対象を異にしている。

4 コンプライアンス経営の進め方

(1) コンプライアンス経営では、かたちづくりよりも実質が大事

次に、コンプライアンスを重視する経営、すなわちコンプライアンス経営の進め方を考えてみよう。

コンプライアンス経営においては、社会的制裁を受けて企業が大きなダメージを受けないように、そもそも、法令違反、守るべき社会規範からの逸脱、企業内規則違反といったルール違反が起きないように努めることが必要である。大切なのはこの実質である。コンプライアンス強化のため、コンプライアンス委員会といった組織をつくったり、コンプライアンス憲章をつくったりといったかたちをつくることも行われるが、こうしたかたちづくりは、手段であって目的ではない。まず、そのことに留意が必要である。

(2) コンプライアンス経営の進め方

実質を重視したコンプライアンス経営の進め方としては、具体的には、次のような内容になる。

① コンプライアンスを優先するという考え方を徹底する

② 企業内でルール違反を起こさないとの意識を高め、さらにはそれを企業風土とする
③ これまで現場で慣行として行ってきたことも見直しの対象にする
④ ルール違反が生じてしまった場合には、早く見つけ、改善する
⑤ 常に改善の努力をし、いわゆるＰＤＣＡサイクルを回す
こうした①から⑤までの各項目について、順にみていこう。

(3) コンプライアンスを優先する

企業がルール違反をすれば、企業に大きな損失が発生するかもしれない。場合によっては、企業に存亡の危機をもたらす。こうしたことを避けるためには、何よりもルール違反をしないようにしなければならない。つまり、企業内で「コンプライアンスを優先する」ことが必要である。

優先するといって、何に対して優先するのか。それは、「すべて」に対して優先するのである。

企業は、収益をあげないと存続していくことはできない。したがって、利益をあげ、そのために売上げをふやすことは、企業にとって必要なことである。企業においては、利益・売上げは、当然のことながら重視される。

しかしながら、企業が危機に陥らないようにするには、目先の利益・売上げよりもコンプライアンスを優先させなければならない。そして、ルール違反が起きないようにしなければならない。これは、コンプライアンス経営でいちばん重要なことである。

日本においては、ルール違反は、違反者が私腹を肥やすために起こすというよりも、企業の目先の利益、売上げをあげようなどとして起こす場合が多い。そこで、ルール違反を起こした企業人からは「会社のためにやっ

た」という弁解がよく聞かれる。

しかしながら、ルール違反に対する社会的制裁は大変に厳しいので、ルール違反をすることは、結局は「会社のため」にはならないのである。

このことは、まず、企業内において徹底しなければならない。「会社のため」であるからこそ、コンプライアンスを何よりも優先するのである。コンプライアンス経営で最も重要な点である。

(4) 企業内でルール違反を起こさないとの意識を高め、さらに企業風土とする

コンプライアンス経営で重要なことは、実際にルール違反を起こさないようにすることである。

また、コンプライアンス経営が、企業で何か不祥事が起きてそれをきっかけにして始まった場合には、その不祥事の再発の防止に力点が置かれ、その特定の問題ばかりに気をとられがちである。しかし、特定の問題ばかり意識していると、応用が利かず、次には別の種類の不祥事が起きてしまい、そうなると今度はそちらの対策ばかりに気をとられるということの繰り返しになりかねない。そういった「モグラたたき」的コンプライアンスは、避けなければならない。

したがって、基本に立ち返って、そもそも企業活動のあらゆる面において、ルール違反をしないということを企業内のすべての役職員が強く意識するように浸透させることが大切である。そうした意識の醸成があればこそ、ルール違反は防げるのである。

ただ、意識するといっても集中力のいることである。はじめはコンプライアンスを意識しながら取組みを始めても、時間が経過していけば、集中が途切れ、その意識は薄らいでいくおそれが多分にある。

したがって、役職員のコンプライアンスに対する意識を高めることから、さらに進んで、ルール違反はしないということが、あまり意識しないでも当然の前提になるような企業風土・企業文化にしていくことが必要である。

(5) これまで現場で慣行として行ってきたことも見直しの対象にする

コンプライアンス経営においては、これまで業界や自分の企業で行ってきた慣行についても見直しを行っていくことが必要である。先に述べたように、事前規制社会から事後規制社会になって、世のなかのルールは、より厳しくなった。かつては許されたことが今日ではダメとされることも多くなった。談合などはその典型であろう。談合以外にも企業のそれぞれの活動分野において、同様の変化が生じているものもあろう。

従来から慣行としてやっていることは、企業にとって、特に現場であればあるほど、担当者にとっては当たり前のこととして受け止められている場合が多い。

しかし、こうした慣行も、今日の視点で見直しの対象としなければならない。

その際には、自分たちだけでは何がおかしいのか気がつきにくい。常に外部の目を意識するとともに、実際にも外部の目でみてもらうことが必要である。どうやったら外部の目が入るのか、いろいろな工夫を考えることが必要である。

(6) ルール違反が生じてしまった場合には、早く見つけ、改善する

コンプライアンスを重視し、コンプライアンスをすべてに優先させていれば、ルール違反は起きないはずであ

る。ところが、現実にはルール違反は起きてしまうことがある。

これは、役職員のなかの一部に悪意があると起こる。大勢の役職員を抱える企業においては、一部に不心得者が出ることもありうる。また、役職員に積極的な悪意はなくても、ついうっかりとかセーフの範囲であると誤解をしたり、また、不注意でもルール違反が起こりうる。

したがって、コンプライアンス経営をしているので、ルール違反は起きないと考えてしまうことではいけない。むしろ、それより、ルール違反が起こってしまった場合にはどうするか、ということも、あわせて考えておくべきなのだ。

ルール違反が起きた場合には、まず、できるだけ早く見つけることが必要である。早く見つければ、まだ問題はそう大きくなっていない可能性が大きい。大火になる前に、ボヤの段階で発見するのである。

発見したら、次には当然、それ以上のルール違反をやめ、事態の拡大を防ぐことが必要である。

そして、その後、そもそもそういうルール違反が起きないように、発生原因を調べて、原因にさかのぼって改善を行うのである。

こうした早期発見・改善のプロセスを行うようにしていくことが大切である。

(7) 常に改善の努力をし、いわゆるＰＤＣＡサイクルを回す

コンプライアンス経営をしようという場合、常に改善の努力を続けなければならない。コンプライアンスが企業風土となるには、手間がかかり時間もかかる。

論語のなかの有名な言葉に「七十にして心の欲する所に従へども、矩（のり）を踰（こ）えず」（為政第二の

四）とある。孔子さまでも、「七〇歳になったら自分の心のままに行動しても人道を踏み外すことがなくなった」とのことである。凡人のわれわれなら、生涯その境地に達することができなくてもやむをえないであろう。達成に向けて努力を続けるほかないのである。

このような達成に向けての努力を続けるということは、いま風にいえば、ＰＤＣＡサイクルを回すということになる。

すなわち、まずはコンプライアンスの徹底のための計画を立て（Plan）、その計画を実施し（Do）、その実施状況をよくみて計画に問題がないかを点検し（Check）、問題があればその点を改善する（Action）。こうした一連の作業を繰り返すわけである。

こうして、企業のコンプライアンスは、常に、よりよいものにしていくように、改善に努めていくことが必要である。

第三章

コンプライアンス経営において大切なこと

1　経営者の意思が最も大切

(1)　経営者の意思が最も大切

この章では、コンプライアンス経営において、特に経営者が留意すべき大切なことを何点か述べることにしたい。

まず、コンプライアンス経営をしていこうとする場合、企業の経営者の意思が最も大切である。

これまで述べてきたように、コンプライアンス経営はかたちづくりではなく、企業において、コンプライアンスを優先し、ルール違反をしないような企業風土をつくっていくことである。これは、経営者の強い意思がないと、とてもできない。担当者任せやボトムアップに期待していては、実現することは無理なのである。

(2)　コンプライアンス優先といった価値の順位づけができるのは経営者

コンプライアンス経営のためには、コンプライアンスを優先することを企業内に明確にしなければならない。こうした企業内の価値の順位づけは、経営者でないとできない。

「(目先の利益、売上げより) コンプライアンスを優先する」といった意思を表示すること自体、経営者が公言しないと企業内では効果がない。コンプライアンスの担当者がいっただけでは、企業内では聞き流されるかもしれない。

また、こうした意思表示が経営者によって行われても、企業内では常に経営者の意向が気にされている。仮に、企業内において「経営者はコンプライアンス優先というが、経営者の本音は、目先の利益、売上げのほうが重要で、コンプライアンス優先は本気ではない」というように思われた場合、たちまちのうちにコンプライアンスは形骸化する。従業員は、コンプライアンス優先は、建前ということで脇に置き、本音である目先の利益・売上げの増加に励み、そのためにはルール違反も辞さないということになる。

したがって、まず、経営者自身がコンプライアンス優先に得心し、企業内の価値の順位をコンプライアンス優先に変えるという決意をし、そしてその決意を示すということで、コンプライアンス経営を始めなければならない。

(3) コンプライアンスを人の評価・処遇の要素にできるのは経営者

コンプライアンス意識を企業内に強化し定着させていくためには、コンプライアンス優先というばかりではなく、人の評価・処遇に絡めていくことが必要である。

コンプライアンス意識の低い人を昇進させて権限の大きなポストにつければ、その人はコンプライアンスを重視しないので、ルール違反が起きるリスクが高まる。

また、周りの人もコンプライアンス意識が低くても昇進する姿をみて、結局は、その企業のコンプライアンス重視は建前で、本音は利益重視なのだと思うようになってしまう。

さらに、多くの企業人にとって、企業内で高い評価を受けることは重要なので、コンプライアンス意識の涵養が企業内での評価の上昇にプラスになるとなれば、企業内のコンプライアンス意識の向上は相当に進む。

このように、コンプライアンスについての意識の強化・定着のためには、コンプライアンス意識を人の評価・処遇、そして、昇進の要素に含めていくことが必要である。こうしたことができる立場にあるのは、やはり経営者なのである。

(4) 企業全体を動かしてコンプライアンスを浸透させうるのは経営者

企業は大きくなればなるほど、現場である事業部門、工場、支店といった企業内の組織がふえて、それが強くなり、また独立性が高くなる。また、それほど大きくない企業でも、事務所、事業所が分散している場合には、それぞれの独立性が強まる。

こうした企業内の各組織は、その組織のミッションがある。そのミッションは、生産だったり、利益だったり、売上げだったり、企業や組織によってさまざまであろう。企業内の各組織までコンプライアンスを徹底するためには、その組織のミッション達成もコンプライアンス優先が守られることが前提である、という価値観を各組織にも浸透させることが必要である。そうでなければ、各組織の長がミッション達成を第一義に考え、ルール違反をしてでもミッション達成を優先させる、ということになりかねない。これでは、企業全体として、コンプライアンス経営をしているとはいえない。

また、事業の現場には、それぞれが従来行ってきた慣行がある。そうした慣行についても、コンプライアンスの観点からの点検が必要である。コンプライアンスの徹底のためには、従来からの仕事のやり方を変えていかなければならないこともある。ただ、現場任せでは、どうしても現場はこれまでの慣行に引きずられる。そこで、経営者がリーダーシップを発揮して、慣行も点検すべきことを指示し、企業内を引っ張っていかなければならない。

こうして、コンプライアンス経営を進めていくためには、企業内の各現場、各組織に対し、それぞれの長を筆頭にコンプライアンス優先の価値観を浸透させ、強く意識させていくことが必要である。コンプライアンスの担当者に任せるだけでは、なかなか現場に浸透させることはむずかしい。これができるのは、経営者だけである。

(5) コンプライアンス経営を継続できるのは経営者

コンプライアンス経営は、継続することが重要である。先にも述べたように、コンプライアンスが企業に風土として定着するには、相当の時間がかかる。

途中で経営者にコンプライアンス優先の意識がなくなってしまえば、コンプライアンス経営といっても、すぐに形骸化してしまう。目先の利益・売上げなどを図ることがより重要になって、ルール違反が起きるようになってしまうのだ。

また、途中でコンプライアンス経営を実質的に後退させるということになると、コンプライアンスにまじめに取り組んだ人ほど、ハシゴをはずされたという心境になって、企業に失望する。経営者に対する不信が生まれ、経営者の権威は低下する。内部告発の遠因にもなりかねない。

とにかく、コンプライアンス優先は継続し続けなければならない。

継続を考える場合、経営者の交代は、コンプライアンス経営にとって大きなリスクになりうる。コンプライアンス経営が企業風土として相当程度定着していれば、後継者となるような人材は、十分なコンプライアンス意識を身につけているであろう。しかしながら、まだ企業風土がそこまでいっていない場合には、後任の経営者候補が、コンプライアンスにあまり熱心ではないということも起こりうる。そうした場合には、後任の経営者に対して、引き続き、コンプライアンス経営を継続することを申し送り事項とすることが、ぜひとも必要である。むしろ、コンプライアンス経営を引き継げるようなコンプライアンス意識を身につけた候補者のなかから後継者を選ぶことが適当である。

こうしたことができるのは、まさに現職の経営者である。

2 企業の発展・成長戦略との関係

(1) コンプライアンス経営は、企業の発展・成長につながるか

コンプライアンス経営は、企業の発展・成長につながるものであろうか。

多くの経営者は、そのエネルギーの大半を企業の発展・成長のために注いでいるのであるから、この問題は、経営者にとって大きな関心事であろう。

(2) コンプライアンス経営が企業の発展・成長を約束するとまではいえない

コンプライアンス経営をすれば、社会から信頼を得られ、そのことがその企業の発展・成長に貢献する、という説明ができないわけではない。そうした説明がされる場合もある。

しかしながら、経営者が求めているのが、もっと直接的な因果関係であるとすれば、そこまでのものはないというのが正直なところであろう。

(3) コンプライアンス経営と企業の発展・成長戦略との共通基盤

そうかといって、コンプライアンス経営と企業の発展・成長戦略は、対立するものでもない。

企業の発展・成長は、その企業が提供する商品・サービスが、消費者から求められる価値をもっているかどうかによる。そして、現在のように、国際化が進み、いよいよ競争関係が厳しくなってくると、その企業が競争力を維持するためには、提供する商品・サービスの革新を続けなければならない。

企業において、そうした革新を続けていくためには、企業の経営者と全従業員が主体的にヤル気をもって自由な発想を展開していくことが必要である。

コンプライアンス経営の「Fair」の精神と主体的なヤル気をもった自由な発想という精神が結びついたときに、コンプライアンス経営と企業の発展・成長戦略との共通基盤ができて、コンプライアンス経営と企業の発展・成長の両者の同時達成が可能になる。むしろ、コンプライアンスを企業の基礎に据えて、企業と従業員のエネルギーを、顧客に支持され競争力のある商品・サービスの開発のほうに向けていくことを考えることが適当である。

実際にも、経営者・従業員のヤル気を発揮した成果で、十分な競争力ある商品・サービスをもつ企業であれば、コンプライアンス上の問題を起こすことなく、企業の発展・成長が図れるのである。また、逆にコンプライアンスを徹底すれば、たとえば、業界内の談合によって自社の立場を守ろうとするのではなく、企業の提供する商品・サービスの品質面での競争こそが重要だという意識を高めていくことができる。

このように、コンプライアンス経営と企業の発展・成長戦略と、どのように両立させていくかを考えていくことが、前向きの対応であろう。

3　考えるコンプライアンス

(1)　考えるコンプライアンス

コンプライアンスを具体的に進める際には、前述のようにコンプライアンス経営と企業の発展・成長戦略とを両立させようと考えることが適当である。また、社会からの要請のうちどのようなものを企業が遵守すべき社会規範と考えるかという日本型コンプライアンスの課題がある。こうした二つの観点を考えた場合、コンプライアンスは考えながら行うという、「考えるコンプライアンス」の実施が有効である。

(2) ルール増殖型コンプライアンス

「考えるコンプライアンス」の内容説明の前に、これと対比するために、その対極にあるコンプライアンスの考え方を「ルール増殖型コンプライアンス」と呼んで、その内容を説明しよう。

「ルール増殖型コンプライアンス」では、まず基本的に、企業で遵守すべきルールをすべて明文化しようと考える。その場合、法令のグレーゾーンや社会的非難を浴びるような行為については、企業内でどの範囲が許されるのか、その範囲について、弁護士見解などをもとに、企業内ルールをつくり、どんどん細かく分厚くしながら、それを守らせようとする。

この方式は、何をしていいか、何はしていけないかということは一応明確になるので、その点は、わかりがよくなる。他方、いろいろなケースが想定されるので、たとえば、一〇〇通りのケースについて、やっていいか悪いかを決めたとしても、一〇一番目のケースが生じ、または想定された場合には、さらに、そのケースについても、どう対処するのか企業内ルールを決めなくてはならなくなる。

また、こうしたルールづくりは、主として企業の本部の特にコンプライアンス担当部が担うことになるので、どうしても、コンプライアンスはコンプライアンス担当部が主導するものだという意識になる。

さらに、このようにどんどん企業内ルールをつくっていくということをしていると、企業の従業員は、そのルールを覚えて守っていくことがコンプライアンスだと考えることになる。そうなると、ルールを覚えること自体、ルールが多くて大変であるし、また大変な努力で覚えたルールなので、今度はそのルールを守りさえすればいいという発想になってしまう。そこで、新しい事態が生じれば、従業員のほうから企業内ルールの追加を求めるようになる。これは、思考停止に陥るということである。

こうした「ルール増殖型コンプライアンス」は、ルール重視で分厚いマニュアル化が進むアメリカ的発想には沿ったものかもしれないが、日本のように、社会規範が重要である場合には必ずしも適当ではない。社会規範は、明文化しきれるものではない。

また、企業の発展・成長との関係を考えた場合にも、企業の役職員が思考停止になるようなコンプライアンスは適当ではない。

(3) コンプライアンスは「考える」ものにしよう

日本においては、これまで何度も述べてきたように、社会的制裁が厳しいのであるから、コンプライアンス経営により、社会的非難を受けないようにしなければならない。

そのためには、まず、法令違反をしないことが必要である。法令違反を防ぐには、法令のボーダーラインギリの微妙な解釈に詳しくなる必要はなく、むしろ、そうした法規制ができた背景や規制の考え方といった基本的な事柄を知ることが重要である。そして、その基本的事柄を出発点に考えれば、大半の事象について、善悪は判断できる。法令の趣旨から考えてダメと思われるようなことは回避すべきである。特に、微妙なところが問題となるような場合には、上司や専門家に意見を聞くようにすればいいのである。

企業が遵守すべき社会規範については、さらに考える力が必要である。社会規範は、そもそも明文化されていない。そこで、どのような社会規範があって、そのうち、コンプライアンスの一部として企業で守らなければいけないものはどれであるかについては、従業員の一人ひとりが、自らの社会良識を磨き、自ら考えるようにする。そして、自らの職場の事柄について、やっていいこと悪いことを社会良識をスクリーンにして判断し、適切な対処ができるようにしていくのである。

社会良識をスクリーンにするということでは、企業内ばかりではなく、企業の外の人を意識し、そういう人からみても是認できるのかどうかということを考えていく姿勢が重要である。そして、社会の求める水準は、時とともに変わっていくので、過去の判断にとらわれず、常に、その時点で適切な判断をしていくように努めていくことが重要である。

企業内の規則も、細かいところまで、精緻に複雑なものを定めるというより、基本的な事項を定め、後は、相談とか報告を重視するようにすることが、応用が利くので望ましい。

このように、コンプライアンスは、分厚いマニュアルをつくることではなく、基本・原則を身につけ、後はそれをベースに従業員がそれぞれの担当現場で、自分で考えることを重視する、という方向を基本に実施することが望ましい。

このように、考えることを重視することによって、コンプライアンス面においての成果を期待できる。また、従業員の前向きのエネルギーを引き出すことができる。

さらに、各職場で職場の問題を「考える」という取組みを進めていく過程で、職場のコミュニケーションの改善にも、大きな効果があると考えられる。

(4)「考えるコンプライアンス」の具体的な進め方

こうした「考えるコンプライアンス」の具体的な進め方はどうしたらいいのだろうか。職場環境や、コンプライアンスの浸透状況によって異なるので、こういう方法が絶対にいいということはいえないが、たとえば、次のような方法が考えられる。

コンプライアンスのプロセスを、①磨く、②みる、③感じる、④伝える、⑤改善する、⑥点検する、の六つに分けて、それぞれのプロセスでの活動の目標をもち、コンプライアンスを実施する。

① 磨く

・事柄の善悪、是非の判断力を向上させる
・社会良識・社会からの要請から考えて企業が遵守すべき社会規範はどういうものかを判断する力を養成する
・その企業やその職場において、リスクの高い分野の法令について、背景や考え方を中心とした基礎知識を身につける

② みる

・企業の業務において、法令や社会良識の観点からみて問題となることがないかを職場における慣行を含めて検討する
・同業他社に不祥事があった場合にも、当該企業に同様の事例が生じていないかを検討する
・当該企業内に不祥事があった場合にも、自分の職場に同様の問題がないかを検討する
・自分の行動について、おかしなところがないかを点検する
・自分以外の部下・同僚・上司といった他者の行動におかしなことがないかも検討する

③ 感じる

・職場において、法令や社会良識に照らしておかしな業務・おかしな行動をする者があれば、それを感じる

④　伝える

・職場において発見した「おかしなこと」を、職場で報告・連絡・相談により、共有化する
・法令等について専門知識が必要なことは、担当部署に相談する
・職場の通常ルートでは話しにくいことは、社内通報制度の利用も行う
・小さな問題もヒヤリ・ハット情報として伝える

⑤　改善する

・「おかしなこと」について、関係者間で検討を加え、問題を改善する
・ヒヤリ・ハット情報として把握された小さな問題も、小さなうちに改善する

⑥　点検する

・コンプライアンスの実施状況を点検し、改善する

(5)「考えるコンプライアンス」は、企業の発展・成長にも有効

先述のように、企業にとって、その発展・成長は大変重要である。そのためには、経営者と従業員のヤル気や自由な発想が重要であるということもまた述べた。「考えるコンプライアンス」は、現場における従業員の思考停止を回避し、前向きなエネルギーを引き出そうというもので、こうした企業発展・成長のために重要な主体的なヤル気や自由な発想と整合的なものである。

現場において、顧客に支持されるような商品・サービスを生み出していくという努力のプロセスと、同様の発想でコンプライアンスに取り組んでいけるのが、「考えるコンプライアンス」である。両者が相まって、企業の

発展・成長とコンプライアンスが同時に達成されるように、両者の前向きのエネルギーをともに高めていくような取組みを大切にしたい。

こうして「考えるコンプライアンス」は、日本におけるコンプライアンス経営の実際の運営において、おおいに有効な方法と考えられる。

4 従前のコンプライアンスでうまくいかなかったのは

(1) これまでコンプライアンスをやってきたが……

これまで、すでに、コンプライアンスに取り組んできたが、どうもうまくいかないという悩みをおもちの経営者の方々も多いと思われる。

もちろん、企業によってその原因はさまざまであろうと思うが、ここでは、そのいくつかの代表例をみてみよう。

(2) 不祥事が続いてしまう

コンプライアンスに力を入れているのに不祥事が続いてしまう、ということがある。せっかくのコンプライアンスの強化が十分機能していないというわけだ。

こうしたことは、その企業で生じた不祥事をきっかけとしてコンプライアンスを始めた場合に起こりやすい。その場合、どうしても、既発の不祥事にこだわってしまって、それと同種の不祥事の発生防止ばかりに力を入れる結果、他の分野で不祥事が起きてしまうということが生じるのだ。企業が守るべきルールは多方面にわたっており、不祥事は予想しない方面で起きるものだ。不祥事についての「モグラたたき」的な対応では、こうしたことを防ぐことができない。

こうした事態への対策としては、「考えるコンプライアンス」が有効である。法令の趣旨とか、社会規範、社会良識、社会からの要請は何かといったことを幅広く考えることによって、広い分野に目配りができる。また、従業員が自ら考えることによって、不祥事が他人事でなくなり、各人の視点で、不祥事発生防止に努めることができる。

また、その際には、これまでの慣行もよく見直しの対象にするべきである。世のなかは変わっているのだから、これまで、各職場で慣行として行われてきたことも、いまではルール違反となり、不祥事となってしまうことがあるのだ。一つの不祥事が生じた場合には、それを一つのきっかけにして、ほかにも問題がないか、企業のなかの他の分野についても、よく考えることが必要である。

(3) 従業員からの「コンプライアンスはウンザリだ」との反応

よく、コンプライアンスを強化して運営していると、従業員から「コンプライアンスには食傷気味」とか、ストレートに「ウンザリ」といった反応が出てくる場合がある。こうした反応を「やらされ感」とか、「コンプラ疲れ」と称したりもする。こういった反応が出てくるのは、どうしてであろうか。

一つには、コンプライアンスの取組み方に問題がある場合が考えられる。先にも述べたような「ルール増殖型コンプライアンス」をすると、普通の従業員にとっては、自分は悪いことをしようとは思ってもいないのに、「あれはしてはならない、これはしてはならない」と書かれた分厚い「べからず集」を渡され、それを覚えて実行しろといわれているわけだ。内容が多く、また、自分には関係がないと思っていることに、そんなにエネルギーを費やす気も起きないので、コンプライアンスと聞くと、ウンザリしてしまうのである。

このような場合には、「考えるコンプライアンス」に改め、従業員がコンプライアンスに前向きに取り組んでいけるようにすることが必要である。

もう一つには、従業員が、コンプライアンスの徹底ということについて、経営者の本気度に疑いをもっている場合がありうる。つまり、従業員が、「コンプライアンス重視は建前にすぎず、経営者の本音は利益や売上げにある」というように理解している場合である。建前であるコンプライアンスにエネルギーを注いでも仕方がないから、気合が入らない。そこで、コンプライアンスもほどほどにしてくれということになるのである。この状況を改めるためには、経営者が、コンプライアンスを徹底するとの決意を、あらためて企業内に示し、誤解を解かなければならない。

(4) コンプライアンスを強調すると従業員が慎重になりすぎることの懸念

コンプライアンスを強調すると、従業員が罰を恐れて、危険を冒さない、消極的になってしまう、ということが懸念される場合もある。

従業員がこうした反応を示すのは、「ルール増殖型コンプライアンス」を行っている結果であることが多い。これはダメ、あれはダメという話ばかり聞いているうちに、何もしないほうがいいという姿勢になってしまうわけだ。

こうした場合には、やはり「考えるコンプライアンス」に変えて、前向きに自分の頭で考えるという姿勢に切り替えていくことが必要である。従業員に対して、覚えるのは基本や原則で、後は自分で考えながら、むしろ、積極的な行動をするということを求めていくようにしたほうがいいのではないか。

第四章

コンプライアンスの
かたちづくりのための諸制度

1　コンプライアンスのかたちづくりのための諸制度

コンプライアンスのかたちづくり

第二章で、コンプライアンス経営は、実質が大事であってかたちづくりは手段にすぎない、という趣旨を述べた。とはいっても、かたちづくりもある程度の意味がある。これから、第四章から第六章まで、企業のコンプライアンスのかたちづくりについての説明をしたい。この章では、まず、企業のコンプライアンスのかたちづくりの準備として、参考となる、関連の法令や制度などを紹介しよう。

2　法　令

(1)　会社法によるコンプライアンス体制の構築義務

二〇〇六年から施行された会社法では、資本金五億円以上または負債額二〇〇億円以上の大会社については、取締役会がある会社については取締役会の決議により、取締役会のない会社については取締役の過半数の決定により、取締役の職務の執行が法令および定款に適合することを確保するための体制と、会社の業務の適正を確保するための省令で定める体制、を整備することが義務づけられた（会社法三四八条、三六二条）。

後者の会社の業務の適正を確保するための体制のなかには、法務省令で、使用人の職務の執行が法令・定款に適合することを確保する体制が含まれている（会社法施行規則九八条）。法律と省令をあわせて、取締役と使用人両者についてのコンプライアンス体制の整備が義務づけられたことになる。

委員会設置会社についても同様に、取締役と使用人両者についてのコンプライアンス体制の整備が義務づけられている（会社法四一六条）。

ただし、こうした義務づけは、会社のうち、大会社と委員会設置会社だけに適用されていること、およびコンプライアンス体制の整備といっても、どんな体制を整備するかについては、法令上にその内容についての規定はなく、各会社の判断になっていることに留意が必要である。なお、こうした会社法に規定する体制は、「内部統制システム」と呼ばれる場合もあるが、会社法の用語ではない。

(2) 金融商品取引法による内部統制報告書制度

金融商品取引法により、上場会社は、事業年度ごとに財務諸表とセットで、経営者によって作成された「内部統制報告書」と、外部監査人による「内部統制監査報告書」を内閣総理大臣に提出し、公開しなければならないことになった（金融商品取引法二四条の四の四）。二〇〇八年四月以降に開始する事業年度から適用されている。

内部統制報告書は、経営者が、財務報告に係る内部統制の有効性について、財務報告の信頼性に及ぼす影響の重要性の観点から必要な範囲において、評価を行って、その評価結果を表明するものである。

内部統制監査報告書は、外部監査人（監査法人や公認会計士）が、経営者による財務報告に係る内部統制の有効性の評価が適切に行われているかについて、監査を行い、その意見を表明するものである。

この財務報告に係る内部統制の評価と監査の基準については、二〇〇七年に金融庁の企業会計審議会から意見書（「財務報告に係る内部統制の評価及び監査の基準並びに財務報告に係る内部統制の評価及び監査に関する実施基準の設定について」）が出ている。なお、この意見書では、内部統制の基本的枠組みについては、後に述べるCOSOレポートの枠組みをおおむねベースにして若干修正している。

この「内部統制報告書」と「内部統制監査報告書」の作成に関する規定により、該当の企業としては、財務報告の信頼性確保のための内部統制を、きちんとしなければならなくなったのである。

ただし、この「内部統制報告書」と「内部統制監査報告書」の作成を義務づけている金融商品取引法の規定は、上場会社だけに適用されるものである。また、内部統制報告書という用語を用いてはいるが、財務情報の正確性という観点からの財務報告に係る内部統制について規定しているものである。コンプライアンスを目的にした内部統制について、直接規制しているわけではないことに留意が必要である。

(3) 会社法による取締役の善管注意義務

会社の取締役は、会社法で、会社との関係は委任に関する規定に従うとされている（会社法三三〇条）。そこで、取締役は、その職務を遂行するについて、民法六四四条の善良な管理者としての注意義務、いわゆる善管注意義務を負うと解されている。

このため、取締役は、会社に対して、
① 自分自身の違法行為について責任を負う
② 他の取締役の違法行為について責任を負う
③ 部下の従業員の違法行為について責任を負う
といった場合に、損害賠償責任を負うことがある。

特に、③の部下の違法行為を見逃さないようにするためには、部下の行動をチェックすることが必要になる。ただ、取締役が部下の従業員すべてを直接監督することは不可能である。そこで、判例により、取締役は、従業員の違法行為を防止するための仕組みをつくること、すなわち内部統制システムを構築することが求められている。

こうした内部統制システムの構築を怠ったため部下の違法行為を防止することができず、会社が損害を被った場合には、取締役は、善管注意義務違反として、会社から損害の賠償を請求されることがある。そして、この損害賠償請求は、株主が会社にかわって、株主代表訴訟で提起することもある。

一九九五年に大和銀行ニューヨーク支店で起きた不正取引事件についての株主代表訴訟に対して、二〇〇〇年に出された大阪地方裁判所の判決が、こうした判例の代表例である。この判決は、取締役の内部統制システムの構築義務に関する重要な判例であり、先述の会社法の規定にも大きな影響を与えたものなので、内容を詳しくみてみよう。

この事件は、大和銀行ニューヨーク支店に現地採用された日本人従業員による米国財務省証券の無断かつ簿外の取引により、大和銀行に約一一億ドルの損失が発生したものである。そのため、取締役等の役員の同行に対する責任について、株主代表訴訟が提起された（甲事件）。

この大阪地裁判決では、企業は、その事業の規模、特性などに応じたリスク管理体制（いわゆる、内部統制システム）を整備することを要するとした。そして、会社経営の根幹にかかわるリスク管理体制の大綱については、取締役会で決定することを要し、業務執行を担当する代表取締役および業務担当取締役は、大綱をふまえ、担当する部門におけるリスク管理体制を具体的に決定すべき職務を負うとした。また、取締役は、代表取締役および業務担当取締役がリスク管理体制を構築すべき義務を履行しているか否かを監視する義務を善管注意義務の内容として負うとした。さらに、監査役も小会社を除き、業務監査の職責を担っているため、取締役がリスク管理体制の整備を行っているか否かを監査すべき善管注意義務を負っているとした。

そのうえで、本件の具体的判断においては、ニューヨーク支店のリスク管理体制が整備されていなかったとまではいえないとしたが、米国財務省証券の保管残高確認はその方法において著しく適切さを欠いていたと評価されるとした。そこで、大和銀行のような巨大な組織を有する大規模な企業において、頭取あるいは副頭取は各業務担当取締役にその担当業務の遂行を委ねることが許され、その業務執行の内容に疑念を差し挟むべき特段の事情がない限り、監督義務懈怠の責を負うことはないとした。その他の取締役にも、監視義務違反を認めることができないとした。保管残高確認関係では、検査部の担当取締役、店内検査を指揮していたニューヨーク支店の元支店長三人、検査を実施していた米州企画室の担当取締役に任務懈怠の責任を認めた。また、監査役は取締役の職務の執行を監査する職責を負い、取締役の検査方法や会計監査人の監査方法を監査する義務があったとして、ニューヨーク支店を往査した監査役についても責任を認めた。このうち、損害額の立証があったとして、ニューヨーク支店の元支店長一人に五億三〇〇〇万ドルの損害賠償責任を認めた。

なお、この大和銀行事件の判決では、内部統制システムの整備の件とは別に、米国当局への報告についての米国法令違反により大和銀行が科せられた罰金および弁護士費用（合計三億五〇〇〇万ドル）に関し、前頭取以下一一人の取締役に最大で二億四五〇〇万ドルの損害賠償責任を認めている（乙事件）。そして、この大和銀行事件は、二〇〇一年に控訴審において、被告の現元役員四九人全員で約二億五〇〇〇万円を同行に支払うということで和解が成立している。

このように、善管注意義務を根拠に取締役の内部統制システムの構築義務を認めた判例は、ほかにもある。取締役の善管注意義務は会社法によりすべての会社の取締役に適用されるので、このような判例の考え方によれば、小規模な会社の取締役にも、内部統制システムの構築義務があるということになる。そして、義務違反が認められれば、取締役は、個人で賠償責任を負うことになるので、注意を要する。

二〇〇一年に、取締役等の会社に対する賠償責任を制限できるようにする商法改正が行われたが、全部免除のためには総株主の同意が必要であり（会社法四二四条）、通常は、一定額に制限されるだけで、賠償責任自体がなくなったわけではない。会社の取締役になれば、コンプライアンスに無関心ではいられなくなるのである。

なお、大和銀行事件は株主代表訴訟であったが、取締役に内部統制システムの構築義務があるということになると、取締役に悪意または重過失があって、任務を懈怠し、第三者に損害が生じた場合には、取締役はその第三者から、損害の賠償責任を追及されることもありうる（会社法四二九条）。現に、出版社の代表取締役について、取締役は、その業務を行うに際して会社外の第三者に対しても会社の活動によって損害を与えることのないよう注意すべき義務を負うとし、その会社の発行する雑誌による違法行為の続発を防止することができる社内体制を構築する義務があるとして、取締役の責任を認めた判例もある。その場合には、株主が経営者自身か経営者の関係者に限定されているような非公開会社で、通常は株主代表訴訟の心配はないと思っていても、取締役は第三者からの損害賠償請求を受ける可能性があるということになるので、注意が必要である。

3　COSOレポート

(1)　内部統制とコンプライアンス

企業目的を達成するために企業内に構築された経営管理の仕組み全般を内部統制という。内部統制の対象には企業活動のさまざまな面があるが、コンプライアンスの整備も、この内部統制の一部と位置づけられる。

(2)　COSOレポート

コンプライアンスを含む内部統制については、アメリカでも検討が行われた。アメリカでは、一九八〇年代にS&Lなどの会計不正事件が多発し、こうしたことがきっかけで、内部統制についての議論が行われた。そして、一九九二年に、公認会計士、会計学者、財務担当役員、内部監査人などの団体により組成されたトレッドウェイ委員会支援組織委員会（the Committee of Sponsoring Organizations of the Treadway Commission（COSO））が内部統制についてのレポート「Internal Control－Integrated Framework」を公表した。このレポートがＣＯＳＯレポートとして著名となっている。

このＣＯＳＯレポートは、著名だということにとどまらず、内部統制システムの有効性を評価する枠組みとして、事実上、グローバル・スタンダードになっている。そのため、日本においても強い影響力をもち、コンプライアンスの整備の際に、おおいに参考にされている。

次に、このＣＯＳＯレポートの概要について、紹介しよう。

⑶　ＣＯＳＯレポートにおける内部統制の対象と構成要素

まず、ＣＯＳＯレポートにおいては、内部統制の目的の対象として、次の三つをあげている。

①　業務の有効性と効率性
②　財務報告の信頼性
③　関連する法規の遵守

コンプライアンスは三つ目のところに該当する。内部統制は、会計監査において多く使われてきた概念であるが、ＣＯＳＯレポートでは、財務に限らず、業務と並んで、コンプライアンスも対象に含めているのである。

そして、内部統制は、これらの三つの範疇に分けられる目的の達成に関して合理的な保証を提供することを意図した、事業体の取締役会、経営者およびその他の構成員によって遂行されるプロセスであるとしている。なお、ここでは、内部統制は経営者による経営管理に限定されるものではなく、会社の取締役会の機能を含めることによって、経営者に対する統制も含めたものと位置づけられている。

さらに、企業内の各事業単位や各活動において、次の五つの構成要素が日常の業務プロセスに組み込まれ、三

図表2　内部統制の構成要素

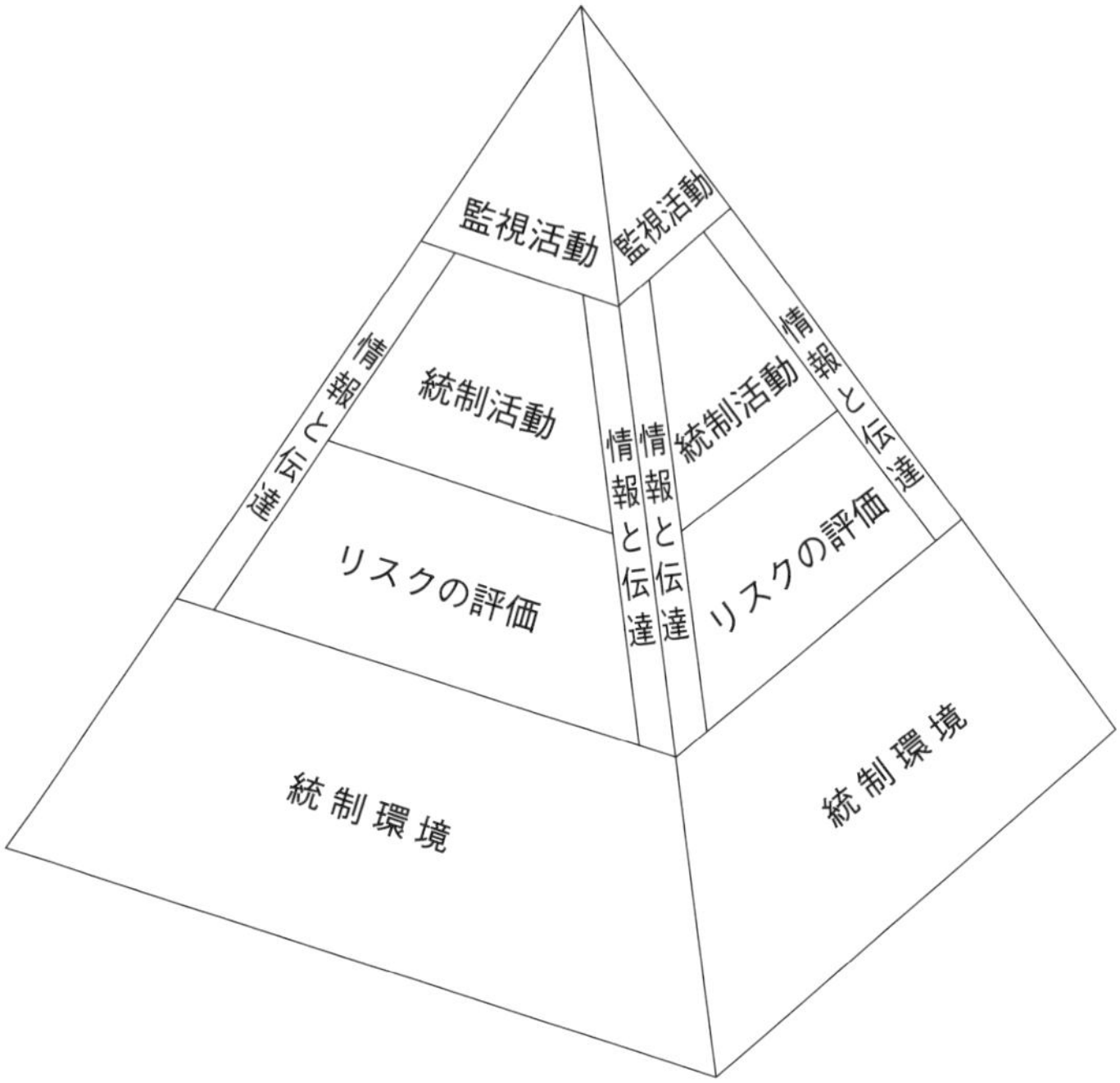

（出典）『内部統制の統合的枠組み【理論篇】』鳥羽至英・八田進二・高田敏文共訳　白桃書房

つの目的を達成するために機能していれば、内部統制は有効であると判断できるとしている（図表2）。

① 統制環境
② リスクの評価
③ 統制活動
④ 情報と伝達
⑤ 監視活動

つまり、内部統制の活動を五つの要素に分け、それぞれの機能状況をみていくということで、内部統制の有効性についての合理的な保証の評価基準を明確化したわけである（図表3）。

なお、内部統制が有効であると評価されたからといって、絶対的な保証を与えるものではないので、問題が生じないということではないことに留意する必要がある。

図表３　統制目的と内部統制の構成要素との関係

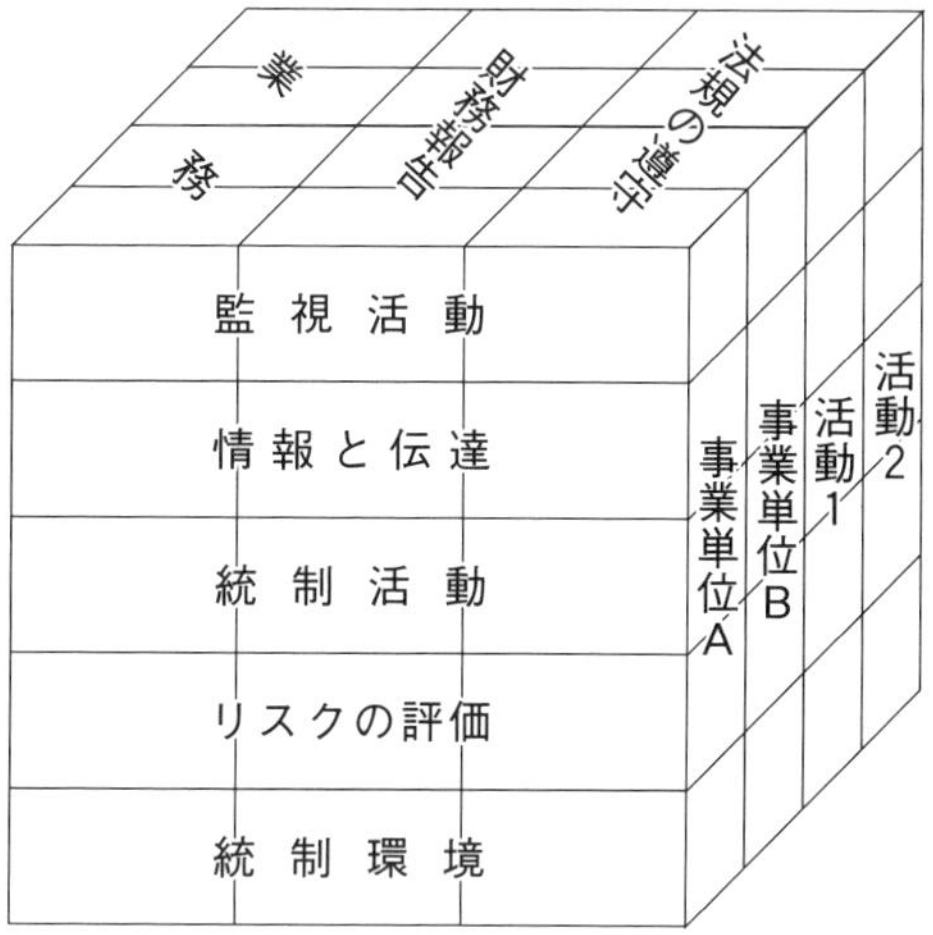

（出典）『内部統制の統合的枠組み【理論篇】』鳥羽至英・八田進二・高田敏文共訳　白桃書房

このように、これらの五つの構成要素は、いずれもコンプライアンスの有効性を評価する際の評価の基準になるものなので、順次解説していこう。

① 統制環境

統制環境とは、企業目的達成に向けた企業風土、企業文化のことである。コンプライアンスについてであれば、コンプライアンスについての企業風土、企業文化ということになる。統制環境には、事業体に属する人々の誠実性・倫理的価値観・能力、経営者の哲学と行動様式、組織構造、権限と責任の割当て、人的資源に関する方針と管理、などが含まれる。

この統制環境は、他の四つの要素の基礎となる重要なものである。

② リスクの評価

リスクの評価とは、目的の達成に関連するリスクを洗い出し、リスクが発生する可能性や頻度、リスクが生じた場合の影響を分析するプロセスである。リスクをいかに管理すべきかを決定するための基礎を提供するものである。企業を取り巻く諸環境は変化するが、そうした変化を識別して、リスクを分析することも必要とされる。

③　**統制活動**

統制活動とは、内部統制を遂行するための実際のプロセスであり、内部統制機能の中核である。

経営者の命令が確実に実行されることを確保するための方針、手続を総称したものである。具体的には、取引や処理の承認、権限の付与、検証、調整、業績の評価、資産の保全、職務の分離など、企業のあらゆるところで事業活動に組み込まれた多くの管理統制が統制活動に含まれている。

④　**情報と伝達**

情報と伝達は、企業目的を達成するために必要な情報を把握し、交換するプロセスをいう。

コンプライアンスの確保のためには、適切な情報が必要な役職員に組織横断的に共有化されることが必要である。そして、組織横断ばかりではなく、経営者の方針が現場にきちんと伝わらないといけない。また、現場からの情報が経営者に伝わることも重要である。社内通報制度は、その一つの手段として位置づけられる。

⑤　**監視活動**

監視活動は、内部統制の機能の質を継続的に評価し、統制が意図したとおりに機能しているかどうかを検討し、環境の変化に対応するように、修正するプロセスである。「統制環境」「リスクの評価」「統制活動」「情報と伝達」という四つのプロセスのすべてを対象とする。

監視活動には、日常業務のなかで、たとえば自店検査、部内検査のかたちで行われる日常的監視活動と内部監査部門や外部監査人などにより独立して行われる独立的評価がある。

(4) COSOはおおいに参考にすべきもの

COSOレポートは、内部統制の評価方法として広く使われているので、企業内において、コンプライアンスをどう進めていくかについて、おおいに参考にすべきものである。

なお、日本においても、金融商品取引法に基づく内部統制報告書制度において、内部統制の考え方の基本的枠組みは、おおむねこのCOSOレポートの枠組みがベースとなっている。

4 金融検査マニュアル

(1) 金融検査マニュアルとコンプライアンス

金融検査マニュアルは、金融庁がその所属の検査官に対し、金融機関の検査をするにあたっての検査のポイントを示した文書である。金融検査マニュアルは、不良債権の債務者区分や債権分類、貸倒引当金の計上方法などが示されているものとして名高いが、このマニュアルには、金融機関の企業全体についての経営管理（ガバナンス）態勢や法令等遵守態勢についての検査項目が含まれている。そして、マニュアルには、金融機関が整備することが期待されている態勢が、検査官が検査においてチェックするチェックリストというかたちで具体的に示されている。

そこで示されている経営管理（ガバナンス）や法令等遵守についての態勢は、金融機関を対象としたものであるだけに、かなりの重装備のもので、一般企業がそのとおりにしなければならないというものではないが、フル装備がどういうものかということを知るうえで、おおいに参考になるものである。

金融検査マニュアルの経営管理（ガバナンス）態勢や法令等遵守態勢に係る部分は、一九九八年にバーゼル銀行監督委員会が公表した「銀行組織における内部管理体制のフレームワーク」をベースにしているが、このフレームワーク自体が、先ほど説明したＣＯＳＯレポートの影響を大きく受けている。

⑵　金融検査マニュアルにおける経営管理（ガバナンス）態勢

金融検査マニュアルにおいては、その最初に経営管理（ガバナンス）態勢を取り上げている。

まず、金融機関では、業務のすべてにわたる法令等遵守、顧客保護等の徹底および各種リスクの的確な管理が行われる必要があるとしている。そして、そのためには、役員は、高い職業倫理観を涵養し、すべての職員に対して内部管理の重要性を強調・明示する風土を組織内に醸成する責任があり、代表取締役をはじめとする各役職員は、内部管理の各プロセスにおける自らの役割を理解し、プロセスに十分に関与する必要があるとしている。

また、取締役会、監査役会が十分に機能し、各部門・部署間の牽制や内部監査部門による内部監査等の機能が適切に発揮される態勢となっていることが重要であるとしている。

そして、具体的な検査用チェックリストの項目として、たとえば、

「取締役及び取締役会は、金融機関に求められる社会的責任と公共的使命等を柱とした企業倫理の構築を重要課

題として位置付け、それを具体的に担保するための態勢を整備しているか」などをはじめ、数十項目を示している。

(3) 金融検査マニュアルにおけるコンプライアンス

金融検査マニュアルにおいては、リスク管理等編の最初に、法令等遵守態勢を取り上げている。コンプライアンスについてである。

まず、金融機関にとって法令等遵守態勢の整備・確立は、金融機関の業務の健全性および適切性を確保するための最重要課題の一つであり、経営陣には、法令等遵守態勢の整備・確立のため、法令等遵守に係る基本方針を決定し、組織体制の整備を行う等、金融機関の業務の全般にわたる法令等遵守態勢の整備・確立を自ら率先して行う役割と責任があるとしている。そして、検査官は、経営陣が、①方針の策定、②内部規程・組織体制の整備、③評価・改善活動をそれぞれ適切に行っているかといった観点から、法令等遵守態勢が有効に機能しているか否か、取締役会の役割と責任が適切に果たされているかを、チェック項目を活用して具体的に確認するとしている。

そして、具体的な検査用チェックリストの項目として、たとえば、経営陣については、

・取締役は、法令等遵守の徹底が金融機関の信頼の維持、業務の健全性および適切性の確保のため必要不可欠であることを十分に認識し、法令等遵守を重視しているか。

・取締役会は、経営方針に則り、法令等遵守に係る基本方針を定め、組織全体に周知させているか。

などをはじめ、方針の策定、内部規程・組織体制の整備、評価・改善活動など幅広く数多くの項目を示してい

る。そして、コンプライアンス統括部門の管理者の役割・責任、コンプライアンス統括部門の役割・責任の項目を示し、さらに、個別の問題点として、本人確認、疑わしい取引、反社会的勢力への対応、法令等違反行為への対応、リーガル・チェック等態勢についての多数の項目を示している。

(4) 金融検査マニュアルと一般企業

金融検査マニュアルは、金融機関という公共的性格が強く、また、地域金融機関であってもそれなりの規模をもつ企業を対象としているので、ガバナンスやコンプライアンスについて、求める水準は高いものとなっている。

こうした高い水準を、一般の業種の企業や規模の小さな企業がまねをすることは、なかなかむずかしいことであろう。しかしながら、金融検査マニュアルには、コンプライアンスの整備について、検査項目というかたちで、具体的にどういうことが求められているかについて書かれているので、重装備のコンプライアンスの具体的内容を示すものとして、おおいに参考になるものである。

5　ＣＯＳＯのＥＲＭフレームワークへの拡張

(1)　ＣＯＳＯの拡張

一九九二年のＣＯＳＯレポートは、大きな影響力をもったが、どちらかといえば、想定外の損失の発生を管理するといった、「守り」のリスク管理という面が強かった。

ところで、実際の企業活動は、企業の発展・成長を目指して、むしろ、前向きに戦略的に一定のリスクをとりながら、新商品の開発をしたり、新分野に進出したりしていく。企業経営上、このような事業機会をとらえた「攻め」に伴うリスクの管理も重要である。

そこで、企業にとって事業機会をとらえた「攻め」のリスクの管理も「守り」のリスク管理と一体で、企業全体のリスク管理を考えていく方向で考えていくべきではないかという議論が強くなってきた。

(2)　ＣＯＳＯのＥＲＭフレームワーク

こうした背景から、二〇〇四年に、ＣＯＳＯは、「Enterprise Risk Management－Integrated Framework」（ＥＲＭフレームワーク）を公表した。このＥＲＭフレームワークは、ＣＯＳＯレポートの枠組みを拡張し、事業戦略も含めて企業の統合的なリスクマネージメントのフレームワークを示そうとしたものである。

そこでは、ＥＲＭは、「事業目的の達成に関する合理的な保証を与えるために事業体に影響を及ぼす発生可能な事象を識別し、事業体のリスク選好に応じてリスクの管理が実施できるように設計された、一つのプロセスである」とされている。

(3) ＥＲＭフレームワークの概要

ＥＲＭフレームワークの概要であるが、まず、目的について、従来の内部統制フレームワークの三つ（業務の有効性と効率性、財務報告の信頼性、関連する法規の遵守）に、「戦略」というほかの目的よりも高位に機能する目的を追加した。戦略目的は事業体のミッションやビジョンから導き出され、業務、報告、コンプライアンスの諸目的はこれに整合させなければならないとしている（図表４）。

さらに、構成要素について、従来の内部統制フレームワークの五つ（統制環境、リスク評価、統制活動、情報と伝達、監視活動）を修正し、「統制環境」を「内部環境」に改め、「目的の設定」「事象の識別」「リスクへの対応」の三つを追加した。

「内部環境」においては、「統制環境」と比べて、その内容に、事業体におけるリスクマネージメントの考え方と事業体のリスク選好（事業体が価値を追求するために受け入れるリスクの総量）を加えている。

「目的の設定」においては、企業の全体的な存在意義を基礎として、経営者は戦略目的を設定し、組織の業務、報告、コンプライアンスの目的を設定するとされる。戦略目的は、事業体が価値の創造をいかに追求するかに関する経営者の選択を示したものとされる。企業内外の環境変化に従って、戦略目的および業務、報告、コンプライアンスの目的は再編成されるとしている。

図表4　ERMフレームワークの目的と構成要素の関係

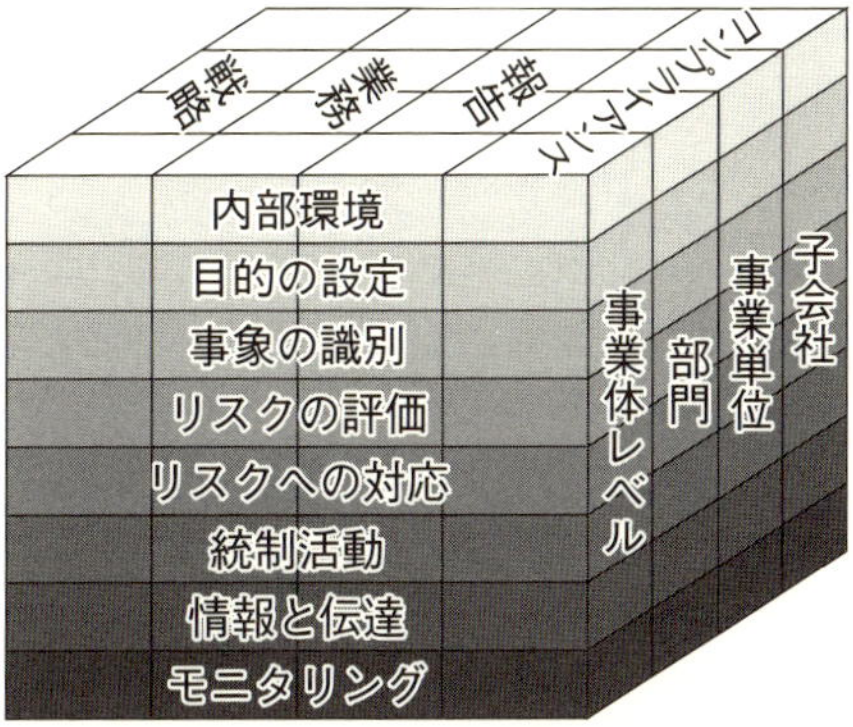

（出典）『全社的リスクマネジメント　フレームワーク篇』八田進二監訳　あらた監査法人訳　東洋経済新報社

「事象の識別」においては、まず、企業内外で生じ企業の戦略や目的の達成に影響を与えうる出来事を「事象」とし、これを識別すべきものとしている。そして、事象は、発生した場合にマイナスあるいはプラスの影響があるが、マイナスの影響をもつ事象がリスクであり、経営者による評価と対応が必要になるとされている。プラスの影響をもつ事象が事業機会であり、経営者は戦略および目的設定のプロセスに戻って、そのような事業機会を考慮するとされている。

「リスクへの対応」においては、経営者はリスクを評価した後に、対応策を決定するとされる。対応策には、リスクの回避、低減、共有（保険購入など）および受容がある。経営者は、費用対効果とともに、リスクの発生可能性および影響度を検討し、対応した後に残る残余リスクが望ましいリスク許容度の範囲内に収められるような対応策を選択するものとされる。

こうしたERMが、目的の四つの分類のそれぞれにおいて有効である場合には、取締役会と経営者が事業体の戦略目的や業務目的の達成度を理解していること、また、事業体の報告に信頼性があり、適用されている法規が遵守されていることについて、合理的な保証をもつことになるとされている。

(4) ERMフレームワークとコンプライアンス

企業にとって、企業の発展・成長のための前向きな戦略と、企業のリスクと事業機会の管理は重要なものであるから、こうしたERMフレームワークのような、企業の戦略目的を定め、企業全体のリスクと事業機会の管理を進めていこうという発想は、次第によりポピュラーなものになっていくであろう。

その場合においても、このCOSOのERMフレームワークのなかには、引き続き、コンプライアンスが目的の一つとして位置づけられているので、こうした戦略を考慮する枠組みのなかで、コンプライアンスの重要性が低下するものではないことに留意する必要がある。

6 アメリカの連邦量刑ガイドライン

(1) アメリカの連邦量刑ガイドラインとは

アメリカでは、刑事罰の量刑は、法定の範囲内で裁判官が決定するのであるが、相当なバラツキがあったとされる。そこで、連邦議会の要請を受けて、一九八四年に連邦量刑委員会が組織され、量刑についてガイドラインが制定されるようになった。一九八七年には、ガイドラインの法制化も図られた。

(2) 連邦量刑ガイドラインとコンプライアンス

この連邦量刑ガイドライン全体は、刑罰を広くカバーするものであるが、コンプライアンスに影響があるものとして、一九九一年に企業を含む組織の違法行為に関する部分のガイドラインが施行された。

この部分のガイドラインにおいては、犯罪行為への関与の程度、組織の前歴、捜査への協力度合いなどの要素によって、組織に対する罰金額が加重されたり、軽減されたりする仕組みが設けられた。

そうした要素の一つとして、犯罪行為を防止する効果的なコンプライアンス・倫理プログラムをもっている企業は、犯罪行為が発生したとしても、例外的なケースとして、罰金額が相当程度軽減されることとなっている。

この企業を含む組織の違法行為に関する部分のガイドラインの内容は、二〇〇四年、二〇一〇年に改正されているが、効果的なプログラムと認められるためには、次の七項目の基準を満たさなければならないとしている。

① 犯罪行為を予防・発見するための基準と手続を確立していること
② (A)取締役会がプログラムを把握し、実施と有効性を監視していること
(B)上級幹部を責任者に任命し、プログラムの有効性を保持していること
(C)プログラムの日常執行を行う者を定め、上層部に有効性を定期報告していること
③ 不正行為の懸念のある人物を重要な権限のある地位に就けないよう努めていること
④ 立場に応じた効果的な研修などによりプログラムを企業の全構成員に定期的に周知していること

⑤　次の事項について適切な措置を講じていること
(A)犯罪発見のためのモニタリングや監査を含めたプログラムの遵守
(B)プログラムの有効性の定期的な評価
(C)従業員等が報復を恐れずに犯罪やその可能性を報告等できる匿名や秘密確保を含んだ仕組みの導入と周知
⑥　適切なインセンティブの付与や懲戒処分によりプログラムを徹底していること
⑦　犯罪行為が発見された場合にはプログラムの修正を含め再発防止に適切な対応をとっていること
そして、定期的に犯罪行為のリスクを評価し、犯罪発生のリスクを減少させるため、改善のための適当な措置を講ずるよう求めている。

こうした基準をふまえて、具体的にどのような施策を実施するかについては、各企業の自主性に委ねられている。

(3) 連邦量刑ガイドラインの効果

この連邦量刑ガイドラインは、アメリカにおいて、企業のコンプライアンスを進めるうえで、一つの大きな背景になっている。また、改正により充実が図られており、改正内容もまた、企業のコンプライアンスに影響を与えている。

連邦量刑ガイドラインは、本来、刑事罰の量刑のためにできたものであり、こうした点からもアメリカのコンプライアンスは犯罪行為との関係が重要視されることになる。ただし、このプログラムの名前に、コンプライアンス・倫理プログラム（Compliance and Ethics Program）とあり、倫理面も意識されている。

また、各項目では、プログラムの犯罪予防・発見についての運用面における有効性に関する内容も多い。アメリカにおいても、コンプライアンスは実践が重視されているといえよう。

第五章

経営者自身についてのコンプライアンス

1　経営者自身についてのコンプライアンス

(1)　経営者自身についてのコンプライアンス

企業において、経営者自身に対するコンプライアンスの意味や仕組みについての考え方は、経営者以外の一般従業員に対するコンプライアンスとは相当に異なっている。

企業全体のコンプライアンスのかたちづくりを検討するにあたって、この章では、まず、経営者自身に対するコンプライアンスのかたちづくりについて、検討したい。

この本の読者である経営者の方々は、自分自身が不正行為を行ったり、ルール違反をしてコンプライアンス上の問題を起こすなどということは、考えてもいないであろう。それぞれの知り合いの経営者のことを考えても、悪いことをすることなど考えられない人がほとんどであろう。経営者自身に対するコンプライアンスの検討をしようとすること自体に違和感を覚えるかもしれない。

しかし、これは結構重要な問題なのである。

(2)　経営者の不正・ルール違反

まず、経営者自身が不正をし、あるいはルール違反をすることが多いのだろうか。

アメリカにおいては、企業は金儲けの手段との割切りをする人もいて、経営者が主役となった不正が時々起こる。経営者主導とみられる大きな会計不正事件が発生したこともある。そこで、アメリカでは、経営者の不正をどう防ぐのかということが、一つの大きな問題意識となっている。

日本においては、経営者が、意図的に、悪意をもって、積極的に不正を行うといった事例はそう多くはないと思われる。経営者は、いわゆるサラリーマン出身の経営者であれ、オーナー経営者であれ、相当の競争や修練を経てその地位に就いているので、善悪や是非の判断力は相当に高いであろう。また、企業外の社会との交流も多いため、社会良識も通常以上に備えているであろう。また、すでに社会的地位が高いので、あえて、不正や法令等の違反をする理由はないであろう。

しかしながら、経営者自身が積極的に不正や法令等の違反をしようとするつもりはなくても、企業内にルール違反が生じた場合などに、それを隠蔽したり、隠蔽行為に加担するなどというかたちで、結局のところ経営者がルール違反・不祥事に関与してしまうということは起こりうる。最近起きた内視鏡会社の例でも、経営者が前任者時代からの会計不正を知らされ、その公表をためらった結果、その後、経営者自身が以後の会計不正に加担していったとされている。

このように、経営者は、自ら積極的な害意がなく、また害意をもつつもりがなくても、コンプライアンス問題の当事者になりうるのである。

(3) 企業不祥事に経営者が関与していれば企業にとって大きなダメージ

企業の意思決定は、経営者が行うので、企業において発生した不祥事に、経営者自身が関与していた場合は、社会の側は、企業の一部というよりは、企業自体が起こした不祥事というように受け取る。すると、社会の側では、企業自体を信頼しなくなり、競争市場への参加資格すら疑うようになる。企業に対する社会的非難・社会的制裁も大変大きくなり、企業が大きな損害を受ける可能性が高い。

このように、経営者がひとたびコンプライアンス上の問題を起こせば、企業にとって大きなダメージとなるので、経営者自身に対する有効なコンプライアンス上の牽制・統制を考えることは、重要な問題であると考えられる。

なお、経営者に対する牽制・統制を考えることは、コンプライアンス問題に限らず、経営判断の誤りの防止についても有用であろう。

(4) 経営者への外部からの牽制

経営者に対して、企業の外部から有効な牽制が行われていれば、企業にとっても有益と考えられるが、現在、企業の外部から有効な牽制が行われているのだろうか。

かつては、日本では、企業外部からの経営者に対する牽制は、それなりの役割を果たしていた。

一つは、メインバンクによる監視である。以前は、日本においては、メインバンクは企業との関係で大きな役割を果たしていた。メインバンクと企業との関係は、単なる金銭の貸し借り関係ばかりではなかった。メインバンクは、貸出先である企業の状況を細かくモニタリングし、場合によっては、経営者に対する助言やチェックの機能をもつ場合もあった。

しかしながら、最近では、メインバンクはあっても、一般的にはその役割は縮小し、経営者への助言やチェック機能は低下している。これは、最近の日本において、金余りが続いていること、また、間接金融から直接金融への流れにより、市場調達との関係で金融機関の優位性が後退し、企業の金融機関への依存度が低下したこと、さらには、株式の持合関係も縮小し、企業と金融機関の関係が以前よりも希薄になったという変化の結果である。また、過去二〇年あまり、金融機関が不良債権処理の過程で相当のエネルギーを費やし、体力を消耗してきたことや、国際化の進展による企業間の競争の激化のなかで、金融機関としても、個別の取引先企業の経営を背負い込むことを躊躇するようになってきたことの結果でもある。企業と金融機関との関係は、よりドライになってきたわけだ。

もう一つの企業と企業経営者への監視機能は、行政によるものであった。業界によっては、行政が企業や企業経営者に対して、不祥事が起きないよう相当の監視機能を果たしてきた場合もあった。こうした行政による企業や企業経営者に対する監視は、「事前規制社会」から「事後規制社会」への転換により、もうあまり機能しなくなった。行政は企業が事前に不祥事を起こさないよう監視するというよりも、法令違反が起きた段階で、処罰・処分をするという関係になったのである。第一章で縷々説明したとおりである。

(5) 企業における経営者の立場

このように、企業経営者への外部からの監視があまり行われなくなったということになると、企業内部の監督・監視作用が重要になる。

企業のなかの経営管理の仕組みが内部統制であるが、企業の一般の従業員に対する統制活動と、経営者に対する統制活動は、同じように論ずることはできない。通常、企業の統制活動は、経営者が主導するものなので、経営者自身に対するものについては、別の考慮をしなくてはならないのである。

なお、「内部統制」といった場合、経営者を主体として、経営者が企業の内部をどう管理するかを考える場合と、経営者による企業内の管理のほか、取締役会による経営者の統制も含めて考える場合と、両方の考え方がある。ＣＯＳＯレポートは後者の立場に立つ。いずれの考えをとっても、経営者に対する統制は、内容面では別に考える必要があるということである。

2　経営者への統制は、コーポレートガバナンスの論点

(1)　コーポレートガバナンス

企業において、経営者の統制をどうするかということは、通常、コーポレートガバナンスの問題として論じられている。

コーポレートガバナンスは、株主、または株主以外を含めた企業の幅広いステークホルダーの立場から、企業の不祥事発生の防止、または企業の収益性・競争力の向上のため、企業のどのような機関に、経営の執行、監督、監査の役割を分担させるのがいいのかを検討するのである。

(2) アメリカ型の思考

アメリカにおいては、コーポレートガバナンスについて、経営者に対する統制を十分に行うとの観点から、経営の執行と監督を分離した会社組織が一つの到達点となっている。社外取締役が取締役会の中心になり、取締役会の下に、監査、報酬、指名その他の諸委員会を設け、企業の基本方針や人事について強い権限をもち、経営者を監督するという仕組みである。

そして、経営者の適切な監督のため、どのような社外取締役が適当なのか、社外取締役の多様化が必要ではないか、といった議論を進めている。

こうした方向の議論が行われている背景としては、アメリカにおいては、経営者が自ら主導した不正事件が起こったからである。そうした事件の防止策としてコーポレートガバナンスを考えて行ったので、経営者の巨大な権限を制限し、むしろ、株主の代表としての社外取締役に強力な権限を与え、経営者の監督を強化させる方向になってきた。こうした立場からすると、社内出身者が大半であるような取締役会の構成は、経営者に対する牽制が不十分で、コーポレートガバナンス上問題が多いと考えるのである。

たとえば、第四章で述べた一九九二年のCOSOレポートでは、有効な内部統制の観点からは、独立的な取締役は、通常、取締役会に二人以上必要であるとしていたが、二〇〇四年のERMフレームワークでは、企業の内部環境が有効であるためには、取締役会には、独立的な社外取締役が、少なくとも過半数いなければならないとしている。

(3) 日本での動き

日本でも、二〇〇三年施行の商法特例法の改正により、大会社に対してアメリカ型のコーポレートガバナンスをモデルとした委員会設置会社が制度として導入された。その後、二〇〇六年から施行された会社法により、小規模会社でも委員会設置会社になることができるようになった。

また、日本においては、伝統的には、特に、監査役の権限を強化するという方向での対応が行われてきた。たとえば、業務監査権限を再度付与する（一九七四年改正）、大会社において複数制と常勤監査役を義務づける（一九八一年改正）、社外監査役を一部の大会社等に義務づける（一九九三年改正）、監査役の任期を四年に延ばす（二〇〇一年改正）、などといった改正が行われてきた。

しかしながら、そもそも日本の監査役のような制度は、諸外国ではあまり例がない。英米では、会計監査人はいるが、日本のような役員としての監査役制度はない。そこで、アメリカでは取締役会による経営者の監督の強化という発想になるのである。ドイツにおいては、監査役という制度はあるが、業務を執行する経営者の選任・解任という強力な権限をもっており、こうした権限を背景に経営者を監督しているので、日本の監査役制度とは内容が相当に異なっている。

こうしたことから、日本で行われてきた監査役の権限強化という対応は、国際的には理解を得ることが困難であり、あまり評価が得られていないのである。

3 経営者が考えるべき方向

(1) 経営者についての統制は経営者自身が考えるべき問題

こうした背景のもとで、日本において、経営者は、経営者自らに対する統制をどのように考えていくべきだろうか。

企業のなかで、経営者は、業務の遂行を指揮し、人事権をもっていることから、大変強い力をもつ。経営者自身がいわなければ、経営者を牽制する方策など、企業内のだれも言い出さないのが普通である。したがって、経営者を牽制する仕組みをつくれるかということは経営者の意識、意思に係る問題であり、経営者自身が何とかしようと思わない限り、実現することはむずかしい問題である。

また、こうした自らを牽制する仕組みをつくることは、経営者自身にとっても、コンプライアンス問題に限らず、企業の経営方針その他の幅広い分野について、自身のワンマン化を防止し、経営に別の視点を入れていくという意味でも有意義であろう。

さて、具体的な方策について考えた場合、委員会設置会社にするといった制度的対応を行っていく方向と、委員会設置会社化はせず運用面の改善を図っていく方向とがある。

(2) 委員会設置会社化も一つの対応策

一つの対応としては、経営者自らへの牽制・統制の強化のため、思い切って、委員会設置会社にすることが考えられる。

二〇〇六年の会社法施行以降、会社の規模が小さくても、この委員会設置会社を選択できるようになった。委員会設置会社においては、多数の社外取締役を選任し、そうした社外取締役を含めて取締役会を構成する。株主総会に提出する取締役の選任・解任議案の内容の決定、執行役・取締役の報酬の決定、執行役・取締役の職務の執行の監査・監査報告書の作成の各分野においては、取締役による委員会が設けられ、各委員会においては社外取締役が過半数とされていて、社外取締役が委員会を主導する。

こうして、委員会設置会社の仕組みは、社外取締役が強い権限をもつことから、経営者への統制という点で有効性が高い。アメリカのコーポレートガバナンスの考え方を取り入れたもので、国際的にも評価されよう。

他方、委員会設置会社化は、企業運営に大きな影響を与えるので、簡単には踏み切れないという企業も多いことであろう。そう大きくない会社であれば、適任の社外取締役を多数確保することもむずかしく、また、経営者や経営者の関係者が株式の大半を保有しているようなオーナー経営者の場合には、社外取締役は株主を代表するといっても、実質的な意味は大きくない。

現実に、委員会設置会社は、日本においては、いったん委員会設置会社にした後に監査役設置会社に再移行した会社もあって、まだ一〇〇程度で少数派である。

4 企業内の意見を聞く

(1) 経営者自らが自分で自分を牽制する仕組みをつくる

委員会設置会社化するといった新たな制度的な対応をしない、ということであれば、現状の取締役会や監査役などの仕組みのなかで、経営者自らが自己規正し、自分を牽制する仕組みをつくることを考えなければならない。以下、その場合についての検討をしていこう。

(2) 業務執行の際に経営者は企業内の意見を聞く

経営者は、企業内の意見は企業の業務を進めるなかで、従業員の意見というかたちで聞くことが多いであろう。

ただし、このようなかたちでは、通常、テーマはその業務に関するものに限られよう。また、経営者と従業員との関係は、上司と部下というタテの関係にあって、経営者が指揮命令し、人事権を有する立場にあるので、従業員がその意見を十分いえるとは限らない。そして、経営者が従業員の意見を聞くかは、経営者のまったくの任意である。

したがって、こうしたかたちの意見を活用して、経営者が自己規正、自身の牽制を行おうとするのであれば、経営者は相当強い意識、意思をもたなければならない。仕組みとしては、不十分といわざるをえない。

(3) 社内取締役、社内監査役の意見を聞く

そこで、経営者の自己規正、自身の牽制のため、コーポレートガバナンスの仕組みとして、会社の機関としての取締役会、あるいは監査役の役割を活用することが考えられる。

日本の会社法においても、委員会設置会社ではない場合、すなわち大半の会社については、こうした機関の役割を重視している。

(4) 取締役の役割

会社の取締役会は、会社の基本方針を決定することができる(会社法三六二条)。また、取締役会は、代表取締役を選任できる(会社法三六三条)。会社の取締役は、取締役会のメンバーとして、こうした決定に参加できる。さらに、会社の取締役は、会社に対して、善管注意義務があり、その一つとして、他の取締役が法令等に違反して会社に損害を与えないよう、その職務執行を監視する義務があるとされている。

経営者としては、取締役会を活発なものとし、各取締役は、相互に監視義務を果たすことによって、経営者自身に対する牽制機能を発揮させることができる。

なお、金融検査マニュアルにおいても、金融機関のほとんどが委員会設置会社ではなく、通常の監査役(会)設置会社で取締役会設置会社であるため、こうした会社を念頭に、取締役の責任、取締役会の機能を重視した記述をしている。そして、たとえば、その経営管理(ガバナンス)態勢の確認検査用チェックリストの項目の一つ

に、「取締役は、業務執行に当たる代表取締役の独断専行を牽制・抑止し、適切な業務執行を実現する観点から、取締役会において実質的議論を行い、業務執行の意思決定及び業務執行の監督の職責を果たしているか」とある。

(5) 監査役の役割

また、会社の監査役は、取締役の職務の執行を監査し、監査報告書を作成する（会社法三八一条）。また、取締役に不正、法令・定款違反、著しく不当な事実があるときは、取締役会に報告する（会社法三八二条）。そして、取締役会に出席し、必要に応じ意見を述べることができる（会社法三八三条）。

経営者は、こうした監査役の活動により、経営者自身に対する牽制機能を発揮させることができる。

なお、金融検査マニュアルにおいても、そのチェックリストの項目の一つに、「監査役は、取締役会に出席し、必要に応じ意見を述べるなど、取締役の職務執行状況について適切に監査を行っているか」とある。

(6) 社内取締役、社内監査役はいい点もあるが問題点もある

こうした重要な役割をもつ取締役、監査役、特に取締役は、社内出身者である場合が多い。そうした者は、その企業の事業の内容や取引先や市場の動向、さらには企業内の事情などに詳しく、知識・経験をもとに、適切な意見を述べることができる。

他方、社内出身の取締役は、企業の業務執行の一部を担当してきており、経営トップとの関係では、その業務ラインの上で指揮命令を受けてきた場合が多い。また、取締役・監査役は、株主総会で選任されるのであるが、

取締役・監査役の選任に係る人事の議案は、事実上、経営トップが掌握している場合が多い。サラリーマン経営者の場合には、就任後直ちに人事権をすべて掌握しているとは限らないが、時の経過とともに、人事を掌握していくことが通常であろう。

こうした環境のもとで、社内出身の取締役や監査役は、経営者、特に経営トップに対しては、遠慮してしまうのではないか、その結果、十分な監視や監査ができるのだろうか、ということについて懸念が残るのである。

日本に多い社内取締役を中心とした取締役会という構成が、国際的にはあまり評価されないのは、こうした懸念がなかなか払拭できないことにもある。

経営者、特に経営トップとしては、そうした懸念をもたれているということを常に認識しておくことが適当である。そして、率直な意見をいう役員がいれば、大事にする必要があるのではないか。昔は、特に、オーナー企業においては、番頭さんのようなタイプの人がいて、経営者にも事業について率直な意見をいってくれることも多かったのかもしれないが、むしろ、そういう人は減ってきているので、いっそうこうしたことを意識しておく必要がある。

5 社外の意見を聞く

(1) 社外の意見を聞く意味

経営者自身への牽制の仕組みという観点からすると、企業内の出身者について、以上のような経営者に対する「遠慮」という面があることから、社外の、しかも、それなりの人の意見を聞くということが考えられる。社外の人は、その企業の商品・取引先といった企業を取り巻く環境や社内事情については社内出身者ほど詳しくはないであろう。しかしながら、それなりの人であれば、見識があり、世間一般のものの見方には十分通じており、企業内での行為、判断について、社会良識の観点から客観的に評価することができる。

(2) 社外の人の企業内での地位

社外の人の意見は、いろいろなかたちで聞ける。何かの機会に単発的に、あるいは、これを定期化して、経常的に聞くことができる。

しかしながら、経営者自身への牽制という面での役割を期待するということであれば、それは重要なことであるから、企業の経営上、一定の地位に就いてもらい、その地位の権限に基づく意見としていってもらうことが適当である。

具体的な地位としては、前述のように、会社法に明確な権限が定められている取締役または監査役が考えられる。

取締役または監査役の選任は、株主総会の決定事項であり、取締役の提出する監査役の選任議案については、監査役の同意が必要であるが、選任議案の決定の段階で経営者の意向により実質的に決まってくるということが、大半の実態であろう。

実際の例では、経営の監視役ということで、社外の人は、社外監査役にする場合が多いようである。ただ、より強い権限にはより重い責任が伴うことから、経営者自身への牽制として、より有効な意見をいってもらおうとするなら、取締役に就任してもらうことを考える必要があると思われる。一般に、監査役は、業務執行について適法性の監査を行うが、取締役は、業務執行の妥当性の判断に参加することができるからである。また、外国人投資家の目を考えると、社外取締役は評価されても、社外監査役については、監査役制度そのものがよく理解されていないので、あまり評価を受けない可能性がある。

日本において、コーポレートガバナンスのいっそうの強化について議論が行われる際には、社外取締役、社外監査役の位置づけもそのテーマの一つになっている。

社外取締役については、会社に義務化してはどうかという議論はあるが、現在のところ、企業の任意ということになっている。

社外監査役については、監査役会を設置する会社においては、監査役は三人以上でそのうち半数以上は社外監査役でなければならないとされている（会社法三三五条）。二人以上は社外監査役になるわけだ。そして、大会社（資本金五億円以上または負債二〇〇億円以上）で公開会社（株式の全部または一部に譲渡制限を設けていない会社）である会社は、委員会設置会社にしない場合は、監査役会の設置が義務づけられているので（会社法三二八条）、結局、こうした会社は、社外監査役が必要になっている。逆をいえば、それ以外の会社では監査役会を設置せず、社外監査役を置かないことができる。これが、現在の制度である。

義務ではない場合でも、コーポレートガバナンスの強化のため、社外取締役や社外監査役の選任を考えてはどうかということである。

なお、現在の日本の会社法では、社外監査役はその会社の出身者ではないものとしているが、社外取締役の定義として、その会社の出身者ではないことのほか、現にその会社の業務執行を担当していないということが要件になっている。しかし、ここでの議論は、その会社の出身ではないという観点からのものであり、取締役就任後、現に会社の業務執行を担当させるかどうかは、別の判断の問題であろう。

(3) 社外の人の意見のもらい方

社外の人に、取締役または監査役になってもらったとしても、経営者自身の牽制のために有益なものにしようとするのであれば、さらに、その意見の聞き方にも工夫がいる。

もちろん、まず、取締役あるいは監査役として取締役会などに出席してもらい、そこでその職務の権限のもとでの意見をもらうことが第一である。

ただし、正式の取締役会では、当然、個々の議案の可否の判断を中心に運営される。もちろん、社外取締役あるいは社外監査役には、そうした議案について、意見を述べてもらえばいいのであるが、社外取締役あるいは社外監査役は、必ずしも企業の事情に詳しくないので、そうした個別議案に対する意見だけを期待するというのでは、十分ではないのではないかということである。

まず、社外取締役あるいは社外監査役に対しては、取締役会以外においても、企業に関する情報を十分提供し、企業を取り巻く環境をよく理解してもらう必要がある。そのうえで、経営者としては、取締役会以外の場においても、定期的に、社外取締役あるいは社外監査役から企業活動全般について、あるいは経営者自身の経営姿勢について、耳の痛い話を含め、さまざまな意見を積極的に聞くように努めることが有益である。こうした、いわば非公式なコミュニケーションは、社外の目を十分活用するためのものとして、経営者自身が意識して進める必要がある。

6　監査人の見方（監査人とのコミュニケーションも有意義）

監査人（監査法人または公認会計士）は、主として、財務諸表の監査の観点から、企業の内部統制の状況をみている。上場会社では、「内部統制監査報告書」も作成するようになっている。また、監査人は、その職務上、他の企業の内部統制の実情もみる機会がある。経営者としても監査人とのコミュニケーションの機会を設ければ、そうした幅広い観点からも、自らの企業の問題点をよりよく把握することができる。そして、そのなかで、経営者自身の経営姿勢についての評価なども聞くこともできよう。こうした監査人とのコミュニケーションも経営者自身の自己規正の一助にすることが考えられる。

第六章

企業における
コンプライアンスのかたちづくり

1 かたちづくりの意味

(1) コンプライアンスのかたちづくりの意味

この章では、企業における、主として経営者以外の一般従業員に対するコンプライアンスのかたちづくりについて説明しよう。

ここまで、何度か述べてきたが、企業にとって、不祥事を起こさないようにすることが重要である。社会は、企業が不祥事を起こしたことに対し、不信を抱き、社会的制裁をするのである。文書や組織などをつくってコンプライアンスのかたちを整えることは、不祥事を起こさないようにするための手段にすぎない。

十数年前の日本において、まだコンプライアンスのかたちづくりが珍しかった頃は、コンプライアンスのかたちづくりをしているとか、これからしますということが、多少の社会的評価を得る材料になった。しかし、いまでは、大手企業をはじめ、多くの企業でコンプライアンスのかたちづくりができているので、かたちづくりをしても、それだけで社会から特段の評価を得られるものではなくなってきている。

そうはいっても、こうしたかたちづくりには、一定の意味はある。

第一に、コンプライアンス経営をするのだという経営者の意思を企業の内外に明確に示すことができる。もちろん、経営者の意思は、かたちづくりをしないでも別の方法でも示すことはできる。しかし、かたちをつくると、コンプライアンスについての経営者の意思が明確になる。

第二に、担当者などを決めれば、コンプライアンスの推進について、経営者の代理をさせることができる。経営者は企業のさまざまな業務の推進で忙しい。コンプライアンス経営をしようという決意は強くても、物理的にコンプライアンスに割くことができる時間は限られていることだろう。それでも、コンプライアンス担当者を置けば、自分の代理をさせて、コンプライアンスを推進することが可能である。また、コンプライアンスについての方針を示した文章があれば、経営者の方針はより明確になり、企業内にも正確に伝わる。

第三に、かたちがあれば、経営者は取締役として、会社法上の責任を果したということを、対外的に説明がしやすくなる。第四章で述べたとおり、大会社または委員会設置会社の取締役は、取締役および使用人の職務の執行についてのコンプライアンス体制の整備が義務づけられているが、その整備をしたと説明することができる。また、それ以外の会社でも、取締役は、会社に対する善管注意義務として、従業員が違法行為をしないように監督する義務がある。そこで、従業員を監督するかたちをつくれば、従業員に対する監督義務を果したと説明しやすくなるのである。

(2) かたちづくりの方法

かたちづくりの具体的な内容は、経営者の立場からすれば、担当者に命じてつくらせればよい。日本においても、コンプライアンスということが叫ばれて四半世紀近くになり、企業での実施例もふえている。また、COSOレポートや金融検査マニュアルなどが出て、それなりの標準的な「かたち」というものができている。

そこで、命じられた担当者は、さらに、コンサルタントとも相談したりして、その標準的な「かたち」を聞き、それにその企業の業種や規模といったその企業の特色を勘案して、多少、修正したものをつくってくるのである。すでにコンプライアンスのかたちづくりをしたところも、そういう風にしてつくられてきたのであろう。

以下、その標準的なかたちというのはどのようなものか紹介しておこう。

2 組織・仕組み

(1) 標準的な組織や仕組み

コンプライアンス推進のために、標準的には、まず、組織・仕組みが設けられる。組織としては、コンプライアンス委員会、コンプライアンス管理者、コンプライアンス統括部門、各職場のコンプライアンス担当者である。仕組みとしては、内部監査部門による監査、内部通報制度、職責の明確化といったものである。これらを簡単に解説しておこう。

(2) コンプライアンス委員会

コンプライアンス委員会は、コンプライアンスに関する重要事項を決定する場として置かれる。その構成員のレベルは、企業によって異なり、経営トップを長として役員クラスで構成するケースもあれば、コンプライアンスの担当役員をトップとして、関係の部長クラスをメンバーにするケースもある。

企業の規模にもよるが、可能であれば、コンプライアンス経営を重視する姿勢を企業の内外に示すためにも、忙しいこととは思うが、経営トップを長として、役員クラスをメンバーとする委員会とすることが考えられる。

そして、議題もコンプライアンスに関係する制度、ルール、活動方針といった一般事項ばかりでなく、重要な個別案件についても取り上げ、実質的にも十分な議論をするような運用が望まれる。

特に、こうした委員会では、企業の外の人の感覚が重要で、社外取締役、社外監査役からの活発な意見が期待されるところである。また、コンプライアンス委員会には、顧問弁護士や外部の有識者といった、まったくの企業外の人に参加してもらうことも、十分考えられる。

(3) コンプライアンス管理者

コンプライアンス経営のためには、経営者の意思がいちばん重要だと述べてきた。しかし、経営者は、経営全体について目配りしなければならないので、コンプライアンスを推進する責任者を指名し、経営者を代理してコンプライアンスの推進を実行させることが適当である。この指名された者がコンプライアンス管理者である。

コンプライアンス管理者は、企業内にコンプライアンスを浸透させるという重い責任があるので、ハイレベルであることが適当である。そこで、コンプライアンス管理者には、役員を就任させる場合が多い。

(4) コンプライアンス統括部門

コンプライアンスの徹底のためには、経営者の意思を企業内に伝えたり、企業内のコンプライアンスに関する情報を集めたり、また、集めた情報に基づいて、さらに対応策を検討したりすることが必要となる。そして、その関係の事務も多く発生するので、こうしたコンプライアンスに関係する事務を一元的に管理するコンプライアンス統括部門を置くことが必要になる。

コンプライアンス統括部門の業務については、特に、営業推進担当からの影響を防ぐということにも、留意が必要である。

(5) 各職場のコンプライアンス担当者

企業のコンプライアンス問題の多くは各職場で発生する。そこで、各職場で従業員についてのコンプライアンス活動をきちんと実施するため、職場ごと（たとえば、支店、業務部門単位）にコンプライアンスの実施責任者を決めることが必要である。

どういう者を職場のコンプライアンス担当者にするかであるが、それぞれの職場の長は、業務の遂行や職場の管理に責任を有しており、職場のコンプライアンスの問題についても、当然職責上の責任はある。しかし、職場の長が、さらにこの職場のコンプライアンス担当者を兼ねると、かえって業務遂行や職場の管理に際して職場の長がからんで発生したコンプライアンス問題については有効に機能しないというおそれがある。そこで、職場のコンプライアンス担当者は、副支店長、副部長、総務課長といった、職場のナンバー2くらいを指名することが望ましいと考えられる。

そして、職場のコンプライアンス担当者は、コンプライアンス統括部門や職場の長と連携しつつ、各職場におけるコンプライアンス問題に、責任をもって取り組むことが必要となる。

(6) 内部監査部門によるコンプライアンス面の監査

企業内で、コンプライアンスへの取組みが適切かどうかは、基本的には、コンプライアンス管理者、コンプライアンス統括部門、各職場のコンプライアンス担当者が、それぞれコンプライアンスに関する活動を進めるなかで点検し、改善していくものである。

しかしながら、日常的にコンプライアンス活動を進めていると、かえって、担当者だけでは気づかない問題点も出てくる。そこで、他人の目を活用するため、内部監査部門がある場合には、その内部監査の対象に、コンプライアンスの実施状況も加えて、チェックを行うことが適当である。

(7) 社内通報制度

各職場において、コンプライアンス上の問題があれば、職場におけるほかの問題案件と同様に、職場の報告・連絡・相談（いわゆる、ホウ・レン・ソウ）のルートで情報が流れるのが通常であると考えられる。

しかしながら、職場の上司が絡んだコンプライアンス問題は、こうした通常の職場のルートでは伝えにくい場合がある。

そこで、従業員が職場を通さず、コンプライアンス統括部門などに、直接、コンプライアンス問題の通報をすることができるようにする仕組みとして、社内通報制度が設けられる。

なお、企業内のコンプライアンス統括部門などを通報先にするほかに、企業外の顧問弁護士などの者にも通報できるような仕組みを設ける場合もある。

(8) 職責の明確化

組織づくりとは少し違うが、コンプライアンスの強化のために、職務についての、権限、責任を明確化し、内部のチェック体制を強化することも行われる。他者からのチェックが行われる仕組みにすることで、事故の発生リスクを低下させるのである。

3 コンプライアンス推進のための文書の作成

(1) コンプライアンス関係の文書

コンプライアンスの推進のために、コンプライアンス憲章、コンプライアンス規程、コンプライアンス・マニュアル、コンプライアンス・プログラムなどといった名称の文書を作成することが行われる。これらの文書について、簡単に説明する。

(2) コンプライアンス憲章

コンプライアンス憲章は、その企業のコンプライアンスについて基本方針を定めたものである。その具体的な名称は企業によってさまざまである。

法令、社会規範等を遵守するといった内容を中心とし、基本方針であるので、通常、そう長いものではない。コンプライアンスを優先するという企業の姿勢を明確にするものである。

(3) コンプライアンス規程

コンプライアンス規程は、企業のコンプライアンスに関する取決めを示したものである。たとえば、コンプライアンス統括部門の役割・責任・組織についての取決め、コンプライアンスについてのモニタリングに関する取決め、リーガル・チェックに関する取決め、研修・指導等の実施に関する取決めなどを内容としている。

(4) コンプライアンス・マニュアル

コンプライアンス・マニュアルは、遵守すべき法令等の解説や、遵守すべき法令等に関する業務に即した具体的な留意点や、違法行為を発見した場合の連絡先その他の対処方法などを示した手引書である。

(5) コンプライアンス・プログラム

コンプライアンス・プログラムは、たとえば年度ごとといった一定の期間内に行うことを予定している研修その他のコンプライアンスに関する活動の計画を示したものである。

4 コンプライアンスのかたちづくりの留意点

(1) 企業の実態にあったものにしよう

コンプライアンスのかたちづくりは、手段であるから、実際に企業で行う場合には、企業の実態にあったものでなければならない。実態にあわないと、せっかくつくっても、うまく機能しなかったり、不十分な対応になってしまうことがある。

(2) 中堅・中小企業の場合の留意点

まず、前述の2、3で紹介した標準形は、大企業を想定したやや重装備なコンプライアンスなので、中堅・中小企業がそれと同じことをしなければならないということではない。COSOレポートでも、内部統制の各構成要素について、中小規模の事業体に適用する場合の検討を行っている。

中堅・中小企業の場合には、経営者の考えが企業全体に行き届きやすい。また、逆に、経営者は企業全体のことを、より把握しやすい。このことは、企業内で、経営者の意思に沿ってコンプライアンスを進めるうえで、相当なメリットになりうる条件である。そこで、こうしたメリットも勘案して、その企業に応じたコンプライアンスのかたちづくりを進めることが適当である。

まず、組織面であるが、規模がそう大きくない企業で、専任のコンプライアンス担当部門を設けることは困難な場合が多いであろう。総務など、コンプライアンスに近い部署との兼任ということも、おおいにありうるであろう。その場合でも、標準形にあるような組織の「機能」は、だれがやるのかを明確にしたほうがいい。だれの担当かをはっきりさせることにより、仕事として、その「機能」がきちんと果たされるようにすることが必要である。

コンプライアンスに関する、憲章とか、規程とか、マニュアルやプログラムなどの文書についても、作成が大変だと感じる場合もあろう。作成しない場合には、経営者がコンプライアンスを優先する姿勢など、経営者自らの姿勢を、折に触れて、文書にかわって、自ら職員に語るようにすることが必要である。

また、企業によっては、支店や、遠方の工場など、経営者との日常の接触が少ない職場があることもあろう。特にそういう職場に対しては、経営者のコンプライアンスについての姿勢を、より意識して伝えていく必要があろう。

(3) 大企業の場合にはグループ企業への目配りも必要に

逆に、大企業の場合、子会社などのグループ企業を多くもつ場合がある。

子会社において不祥事が起きた場合、たとえ、親会社のほうでは、子会社は別会社であって、法人格も別でコンプライアンス管理も別だといっても、社会がそうした弁解を受け入れるとは限らない。子会社の起こしたものであっても、その不祥事が大きなものであれば、親企業も出資者として、子会社の管理不足についての責任があるということで、大きな社会的非難を受けてしまい、大きなダメージとなるかもしれない。

したがって、大きな企業であれば、グループ会社全体への目配りが欠かせない。親会社と子会社との関係は、個々の企業ごとに相当の違いがあると思うが、一般に子会社は、特にその管理機能において、親会社への依存度が高いことが多いということも現実である。そこで、親会社においては、企業内ばかりではなく、企業グループ全体についてのコンプライアンスの確保という観点をもって、コンプライアンス経営を進めていく必要がある。

さらに、最近では、企業の国際進出も増加しているので、海外拠点がある場合には、その国の事情を考慮することも必要になっている。

また、さらに、委託先の企業で起きたコンプライアンス問題であっても、専属性が高いなど実質的な関係が深かったり、委託元の企業が問題発生にかかわりをもっていたり、委託の条件が厳しかったことが問題発生の遠因になっていたりすると、委託先企業のコンプライアンス問題についても、委託元の企業に非難が及ぶことがある。委託元の企業としても、委託先までいっそうの目配りが必要となる場合があるので、留意が必要である。

5　社内通報制度についての留意点

(1)　社内通報制度

社内通報制度は、本章の2の(7)でも触れたが、コンプライアンスの観点から、大変重要で、意味の大きな制度なので、ここで、多少、説明を追加したい。

(2) 社内通報制度の意義

社内通報制度は、企業にとって、大きな意味がある。

第一に、従業員にとって、職場の上司がかかわっているコンプライアンス問題や、あるいは、上司ではなくても、職場で多くの同僚がかかわっているコンプライアンス問題については、通常の職場の報告・連絡・相談（ホウ・レン・ソウ）の情報ルートでは、なかなか伝えにくい。こうした伝わりにくいコンプライアンス問題を把握するためには、社内通報制度は、大変有意義である。

一般に、管理職の側では、社内通報制度を必ずしも快く思わない場合が多い。管理職は、職場のコンプライアンス問題の情報も、通常の職場の報告・連絡・相談の情報ルートで伝わることが望ましいと考える。社内通報制度が用いられると、管理職としては、自分の職場管理の能力が否定されたような気分になるので、内部通報に反感をもつ。また、管理職以外でも、上司を経由しないことで、何か密告慫慂のような感じを受けたりする。

しかしながら、残念なことではあるが、職場内のコミュニケーションや上司と部下のコミュニケーションにより、すべてのコンプライアンス問題の情報が伝わり、すべての問題が解決するわけではないことも現実である。したがって、社内通報制度での情報ルートを確保することは、管理職層などからの異論があったとしても、企業全体としては、非常に意味のあることなのである。

企業としては、そうして得られた情報から、コンプライアンス問題について、企業の自浄作用を発揮して、適切な対応をすることができる。

第二には、職場の実情がわかることもある。社内通報制度を設けると、さまざまな内容のものが通報される。コンプライアンス問題に限らず、それ以外に、従業員の不満や意見、あるいは相談といったものも持ち込まれる。コンプライアンス問題以外の問題の処理には、それぞれの問題に応じた工夫が必要であるが、こうした、従業員の幅広い率直な通報内容を聞くこと自体にも、職場の実情や従業員の気持ちを把握するうえで、おおいに意味がある。

社内通報制度については、誹謗・中傷の類いも出てくるのではないかといった懸念もある。まったくの誹謗・中傷が行われることの可能性を否定することはできないが、誹謗・中傷か否かは、その後の調査の過程で検討すべき問題であって、誹謗・中傷をおそれるあまり、社内通報制度自体を否定的にみることは適当ではない。この制度により、広く情報が集まることのほうをより期待するべきである。

そこで、通報自体に匿名を認めるかといった論点もあるが、広く情報を集めるためには、匿名を認める必要があると考える。

(3) 社内通報制度を有効に機能させるためには

社内通報制度を有効に機能させるためには、運用側においても、さまざまな努力が必要である。

第一には、従業員に広く周知することである。存在が知られなければ、使われようがない。コンプライアンス統括部門やコンプライアンス担当者は、日頃から、社内通報制度について従業員への周知に努めることが必要である。

第二には、通報者の匿名を守ることである。社内通報により通報する者は、通常の職場の情報ルートを回避しているので、通報したことを職場の上司・同僚には知られたくないと思っている場合が多い。知られるおそれが強いと思えば、通報自体をためらうことにもなる。こうしたことから、通報者の匿名を守ることは、社内通報制度を機能させるために大変重要なのである。

そのためには、通報者がだれであるかの情報は、できる限り、限定するべきである。運用者が、たとえば、コンプライアンス統括部門であるとしたら、その部門のなかでも、窓口担当者や調査担当者に限定するべきであろう。

第三には、通報された案件には、運用担当部署において、十分な対応を行うべきである。事実確認が必要なら確認し、そうして確認された内容に応じて、きちんとした処置をすることが必要である。その際に、通報者の匿名性が確保されるような方法での調査が必要なことは当然である。なお、調査をしても、当事者の言い分が異なるなどの理由で事実確認ができない場合もある。それはそれで仕方のないことであるが、きちんとした対応をしようとしたのであれば、その姿勢は、通報者には伝わるであろう。

なお、こうした作業に際し、通報内容を現場の管理者に連絡して現場の管理者に処理させる、といった対応は避けなければならない。現場の管理者は、できれば自分の担当する現場でコンプライアンス問題が発生したということにしたくないと思うのが普通なので、たいしたことのない問題であったように取り繕ったり、通報者を探して圧迫を加えたりする可能性を否定できないからである。

運用担当部署において、十分な対応をするという姿勢をもって運用すれば、企業内において、社内通報制度に対する理解が進み、その有効性が強まっていくことになろう。

(4) 社内通報制度における通報先

社内通報制度の通報先として、コンプライアンス統括部門などの企業内の社内通報制度運用部署と企業外の顧問弁護士などと、いずれにするかという問題がある。

企業内の社内通報制度運用部署を通報先にした場合は、通報された案件に迅速に対応できる。企業外の顧問弁護士などを通報先にした場合は、通報者の匿名性の確保が徹底される。両者にそれぞれのメリットがあるので、両者の仕組みを並存することが考えられる。

(5) 公益通報者保護法との関係

二〇〇六年から公益通報者保護法が施行された。この法律は、労働者が不正の目的ではなく、一定の違法行為(通報対象の事実)を一定の要件のもとに、勤務先、行政機関、あるいは、その者に対する通報が通報対象の事実の発生または被害の拡大の防止に必要と認められる者に通報した場合には、その労働者の使用者である事業者は、その労働者に対して、不利益な取扱いをしてはならない、と定めている。

なお、この通報者が保護を受ける要件は、通報先が勤務先から行政機関、その他の者になるにつれ、厳しくなっている。たとえば、勤務先への通報の場合は、通報の対象となる事実が生じ、またはまさに生じようとしていると思料される場合でよいが、行政機関への通報の場合には、さらに、信ずるに足りる相当の理由が必要である。また、その他の者への通報の場合には、これに加えて、前二者に通報をすると不利益な取扱いを受けると信ずるに足りる相当な理由がある場合など、いくつかの場合になっている。

社内通報制度においては、通常、企業内ルールにおいて、通報者は、社内通報したことにより、不利益な取扱いを受けることはない旨が規定されているが、公益通報者保護法の要件を満たした場合には、それが社内通報に限らず社外の場合を含め法律上の義務になっているわけだ。

そして、特に、公益通報者保護法によれば、労働者が、一定の要件を満たした通報対象の事実を、勤務先に書面により通報したあと二〇日経過しても調査を行う旨の通知がなかった場合や、正当な理由なく調査を行わない場合にも、その労働者が、事業者団体、消費者団体、報道機関などの勤務先以外の一定の者に通報しても、その労働者の使用者である事業者は、その労働者に対して不利益な取扱いをしてはならないと定めている。

こうした規定をみると、公益通報者保護法は、むしろ間接的に、各企業の側で、社内通報制度を整備し、そこでの通報について、企業がきちんと調査し、対応することを期待している面もあるといえよう。

企業の雇用形態の多様化、賃金体系の変化に伴い、従業員の意識の多様化が進んできたこと、あるいは、ネットの利用が容易になったことから、ただでさえ、内部告発は起きやすくなっているのである。

社内通報制度がないか、あるいは、あってもその制度を十分有効に機能させていないのであれば、企業には自浄能力がないということになって、従業員に、報道機関を含めた外部に対して、いわゆる内部告発をされても、文句はいえないということである。

公益通報者保護法との関係について説明をしたが、企業としては、このような内容の公益通報者保護法があるからというよりも、企業自身のコンプライアンスの確保、企業自身の自浄能力の向上のために、社内通報制度を有効に機能させることが重要である

第七章

コンプライアンスの実践

1　コンプライアンスの実践

(1)　コンプライアンスは実践が大事

コンプライアンスは、かたちづくりよりも、その実践が重要である。かたちがあっても、それが機能しないのでは意味がない。ともかく、かたちづくりが進めば、いよいよ実践である。

本書でも、この後、第七章から第九章まで、コンプライアンスの実践について、述べていきたい。

(2)　コンプライアンスの実践も経営者の役割が重要

コンプライアンスの実践においても、経営者の役割は、決定的に重要である。

第三章でも述べたように、経営者は、コンプライアンス経営を主導するのであり、

① コンプライアンスを最優先にするという企業における価値の序列を定める
② その価値序列を企業内の各職場に浸透させる
③ 日常活動として、各職場でコンプライアンスの実践活動を行わせる
④ コンプライアンス上の問題があれば、是正させる
⑤ さらに、コンプライアンスの実践活動の改善を図る

といったことを、企業内で推進していかなければならない。もちろん、その際には、経営者は、企業のコンプライアンス管理者やコンプライアンス統括部門、職場のコンプライアンス担当者などを十分に機能させて推進していくのである。

まず、経営者自身が、自ら主導するのだという意識で、コンプライアンス経営をリードしていかなければならない。

2　考えるコンプライアンス

(1)　コンプライアンス実践の場は現場

経営者が以上のような意識でコンプライアンス経営を行おうということになり、前章で示したようなかたちづくりが進んだら、いよいよ、コンプライアンスの実践である。

コンプライアンスのかたちをつくり、組織・制度や文書をつくっていくと、ややもすれば、企業内において、コンプライアンスは、担当の組織（コンプライアンス管理者、コンプライアンス統括部門）がするものであるという誤解、あるいは、ルールや文書（コンプライアンス規程、コンプライアンス・マニュアルなど）を充実させるものであるという誤解が生じかねない。

悪くすると、企業のコンプライアンス活動とは、コンプライアンス問題が発生するたびに、コンプライアンス統括部門が新たなルールをつくり、コンプライアンス・マニュアルを詳しくするものだという誤った考えが企業内に流布してしまう。

しかしながら、コンプライアンス問題は、多くが企業の現場で発生する。現場でのコンプライアンスについての取組みが十分に行われないと、コンプライアンス問題の発生は防げない。また、現場におけるリスクは、現場でないとわからないことが多い。

したがって、現場でのコンプライアンスの実践活動を充実させることが、いちばん必要なのである。

(2) 考えるコンプライアンス

現場でのコンプライアンス活動を実践する具体的方法が、第三章で述べた「考えるコンプライアンス」である。コンプライアンス経営は、経営者のリーダーシップにより始まるのであるが、コンプライアンスの実践活動の主役は現場なのである。

「考えるコンプライアンス」は、第三章で述べたとおり、現場でのコンプライアンスの実践活動をわかりやすく示すため、①磨く、②みる、③感じる、④伝える、⑤改善する、⑥点検する、の六項目に分けて、具体的な活動を示したものである。

考えるという姿勢を強調することで、従業員にとって、コンプライアンスを前向きに取り組めるものとし、企業の発展・成長といった企業活動の目的とも協調することを期待するものである。

また、現在、職場内のコミュニケーションは、低下していくことが多いので、こうした取組みを進めていく過程で、職場内のコミュニケーションの充実にも役立つことが期待できる。

3 「考えるコンプライアンス」の進め方の役割分担

(1) 現場のコンプライアンスの推進

現場でコンプライアンスを進めていく際には、職場の管理者である各職場の長と各職場のコンプライアンス担当者が、それぞれの立場から、連携して取り組んでいくことが必要である。特に、職場のコンプライアンス担当者は、職場の長も対象に含めて、職場全体のコンプライアンスの実践活動を担う役割があることを十分自覚し、コンプライアンス活動を積極的に推進することが期待される。

(2) 現場とコンプライアンス統括部門の役割分担

「考えるコンプライアンス」を進めていくうえでは、さらに、現場とコンプライアンス統括部門の役割分担が重要になる。

基本的には、コンプライアンスの実践活動は、現場主導で進めることが期待される。コンプライアンス統括部門は、こうした現場のコンプライアンスの実践活動について推進の旗振り役を務め、さらに、支援を行っていく立場と位置づけられる。具体的には、考えるコンプライアンスの六つの項目ごとに、次のような役割分担が考えられる。

① 磨く

「磨く」は、やっていいことと悪いことを区別する判断力を磨くことである。このためには、従業員一人ひとりが、社会良識の感覚や職務に関係する法令の基礎的な考え方を身につけることが必要になる。

基本的には、従業員一人ひとりの能力向上を図ることなので、現場でのコンプライアンスについて考える研修などが中心になる。現場では、まず、こうした研修などのコンプライアンスを考える時間を確保する必要がある。時間確保の指示は経営が行わなくてはならない。こうした研修の時間では、従業員が単にだれかの話を受け身の立場で聞くのではなく、従業員に実際に考えてもらい、発言するように時間を使うことが従業員が判断力を身につけるために必要である。

コンプライアンス統括部門は、こうした職場での研修の材料として、社会規範について職員に考えてもらうような実例などをふまえた教材をつくったり、従業員が気をつけなければならない法令（新たな改正事項も含む）についての基本的な考え方の解説を提供することが役割となる。対象となる法令関係事項としては、一般的には、談合（不当な取引制限）・優越的地位の利用・不公正な取引などの独占禁止法関係、インサイダー取引、贈賄、取引先との癒着、課税、会計、個人情報漏洩などがある。さらに、企業の業種に応じて、さまざまな個別の法令関係があろう。こうした法令の解説が、コンプライアンス・マニュアルの一部になる。

現場の職員は、法律の専門家ではないから、合法・違法の境目を教えるのではなく、法令の趣旨を教え、「危ないことはするな」ということと「どうかなと思う事態が生じたら、上司や専門の担当部署に相談せよ」ということを伝えることが重要である。

② みる

「みる」は、職場において、仕事や自分自身・他の人におかしなことがないかをみることである。基本的には、現場で、どのようなところにリスクがあるのかを洗い出す活動である。その際に、これまで職場で慣行として行ってきたことでも、昔はよくてもいまはダメ、ということはよくあるので、慣行もよく「みる」ことが必要である。その際、慣行は職場では当たり前とされていることが多い。他の企業の様子を聞くとか、他企業への就業経験のある人の話を聞くとか、「外部の目」を入れるように意識して工夫することが必要である。

また、自分一人は問題なくても、同僚が不祥事を起こせば、職場や企業全体の問題になる。職場のなかでは、よくコミュニケーションを図り、ほかの人のこともよく気にかけることが必要である。

コンプライアンス統括部門では、企業内でどのようなところにリスクが多いのかを評価・分析をしたり、企業外の参考事例を収集したりして、現場に情報提供する。さらに、現場が行っているリスクの洗出し作業について、よく現場のコンプライアンス担当者との対話を行い、十分な洗出し作業になっているかについて、アドバイスを行うことが必要である。

③ 感じる

「感じる」は、職場で実際におかしなことがないかを感じることである。

その性格上、基本的には現場で行うことになる。「磨く」「みる」の活動の成果が出る場面である。

④ 伝える

「伝える」は、現場で発見したコンプライアンスに係る問題を、現場で共有し、さらに必要に応じて、企業の本部と共有することである。

現場で発見されたコンプライアンス問題については、まず、現場でこうした共有化が行われることになる。

さらに、必要に応じ、現場から企業の本部への情報提供が行われる。その際、通常はその情報提供は業務ラインを通じて行われるのであるが、時には業務ラインを経由するのではなく、社内通報制度を通して行われることもある。社内通報制度の運営は、コンプライアンス統括部門などの運用担当部署が責任をもって行い、また、その通報された内容への対応は、現場任せにはできず、企業の本部できちんと行うべきである。

⑤　改善する

「改善する」は、コンプライアンス上の問題が生じた場合、その問題にきちんと対応し、そうした問題が起きないように改善することである。

基本的には、現場の問題については、現場で対応し改善していく必要がある。しかし、現場任せにすると、現場の都合や現場で長年続いた慣行であることを理由に、十分な改善が行われない場合がある。

コンプライアンス統括部門は、コンプライアンス問題については、その事案の内容をよく把握し、適切な対応・改善が行われるか、よくウオッチする必要がある。十分な改善が行われていないと判断した場合には、経営とも協議のうえ、きちんとした改善を求める必要がある。また、大きな事案では、企業のほかの職場で同様の問題が生じている場合がある。こうした問題については、担当部署で検討のうえ、経営が企業全体に改善を指示しなければならない。

さらに、事案によっては、責任ある者の処分が必要な場合がある。これについては、現場任せにせず、経営として責任をもって、厳格な処分をすべきである。処分は、罰すること自体が目的というよりは、企業内外に対するメッセージの意味をもつ。日頃から業務に貢献しているからといって甘い処分をすると、コンプライアンス違反をしても、たいしたことはない、経営のコンプライアンス優先は建前である、といった誤解を企業全体に与え、コンプライアンス優先の価値観自体が揺らいでしまうおそれがある。企業への貢献は、別の場で評価することであり、悪いことをすれば、それについては、きちんとした処分を行うべきである。

⑥　点検する

「点検する」は、こうしたコンプライアンスの実践活動がうまくいっているかを点検し、必要な改善を加えていくことである。

現場では、自らのコンプライアンス活動を日常的に点検することが必要である。活動に問題があれば、改善していくのである。

ただ、現場のコンプライアンス活動がうまくいっているかについての評価を当事者にさせることには限界がある。やはり、客観的な評価が必要である。

コンプライアンス統括部門は、コンプライアンスに関する従業員の知識のチェックや従業員のコンプライアンス意識に関するアンケートを実施して、現場におけるコンプライアンスの浸透具合を確認し、現場にフィードバックすることが考えられる。知識のチェックは、人力でやると大変だが、システムを構築する方法もあろう。また、アンケートは全従業員を対象としたり、研修の機会に行ったり、さらには、退職者に退職直後に行うなど工夫しながら行うことが望ましい。

また、コンプライアンス統括部門や、さらには内部監査部門により、直接現場のコンプライアンス活動についての監査を実施し、現場におけるコンプライアンス活動の状況を把握し、改善を図ることが必要である。

図表5　考えるコンプライアンスの進め方の役割分担

	現場の役割	本部（経営、コンプラ統括部門）の役割
全体	実施面の主導	・基本方針の決定・指示（経営）、時間確保の指示（経営） ・推進の旗振り、現場の支援（コンプラ統括部門）
磨く	・事柄の善悪、是非の判断力の向上 ・企業が遵守すべき社会規範の判断力の向上 ・法令についての基礎知識（背景、考え方）を身につける	・教材の提供（コンプラ統括部門） ・法令の基礎知識（背景、考え方）や社内規則の提供（法令、社内規則の改正事項を含む）（コンプラ統括部門）
みる	・職場において法令や社会良識からみておかしなことがないかをみる ・自己または他者（部下、同僚、上司）の行動をみる	・企業全体のリスク分析・評価（コンプラ統括部門） ・企業内外の問題事例の提供（コンプラ統括部門） ・現場のリスクの洗い出し作業への協力（コンプラ統括部門）
感じる	・職場でのおかしなこと（業務、行動）をおかしいと感じる	
伝える	・職場内での発見した「おかしなこと」を報告・連絡・相談により職場で情報を共有化する ・法令等に関し専門知識が必要な場合は担当部署に相談する ・職制上話しにくいことは、社内通報制度の利用も行う ・小さな問題もヒヤリ・ハット情報として伝える	・現場から相談を受けたことへの適切な対応（担当部署） ・社内通報制度等の運営（コンプラ統括部門） ・社内通報制度で通報されたことへの適切な対応（経営、コンプラ統括部門）
改善する	・「おかしなこと」について、関係者間で検討を加え、問題を改善する ・ヒヤリ・ハット情報としてきた小さな問題も、小さなうちに改善する	・改善を指示（経営） ・同様の事例について、機構全体に改善を指示（経営） ・具体的事案への対処（含む処分）（経営）
点検する	・コンプライアンスの浸透状況を自主点検する	・テスト、アンケート等による浸透状況把握（コンプラ統括部門） ・監査（コンプラ統括部門、内部監査部門）

以上のような、考えるコンプライアンスの実施に際しての、現場とコンプライアンス統括部門、経営との役割分担を簡単に整理したものが図表5である。

4　よく起きる企業不祥事の類型とその防止策

(1)　企業不祥事の主な類型

企業不祥事の内容はさまざまであるが、いくつかの類型がある。主な類型ごとに、対策を検討しよう。

(2)　「会社のため」で起きる不祥事

日本では、いまだに「会社のため」ということで起きる不祥事が多い。会社の利益をあげ、あるいは売上げを確保し、あるいは経費節減を図るなど、「会社のため」を動機として違法行為等が行われるわけだ。「会社のため」が動機とはいいながら、社会から企業不祥事と非難され、会社に大きなダメージを与え、会社のためにならない結果となる。

こういう不祥事を起こした者は、表面では「会社のため」に違法行為等を行ったとはいうが、本音のところは、自分の業績をあげ、企業のなかでの評価をあげたい、という意識である場合が多い。

この種の不祥事を防ぐためには、経営者がコンプライアンスが最優先であり、コンプライアンス違反はまったく評価しない、という方針を企業内に明確に示し、浸透させることが必要である。

仮に、すでに経営者がそうした方針を示した後に、こうした「会社のため」の不祥事が起きたとすると、経営者の方針は浸透していなかったといわざるをえない。経営者はもう一度、自分がコンプライアンス優先について本気であることを企業内に示さなければならない。

いつまでも、こうした「会社のため」という弁解が行われることが、ないようにしたいものである。

(3) 慣行に従って起こした不祥事

従来から業界内で行われてきた慣行、あるいは、社内で行われてきた慣行に沿って行ったことでも、現在では不祥事になることがある。

当事者は、いままでどおりのことをしただけだと弁解する。

これは、日本が、「事後規制社会」に変わって、規制の考え方や規制の内容の多くが変わったのに、その変化にいつまでも気づかないか、気づかない振りをしているために起きる不祥事である。

対策としては、経営者はかつては許されたかもしれない慣行であっても、業界慣行や社内慣行であれ、現時点で許されないものは、絶対に禁止するということを企業内に浸透させる必要がある。

そして、企業内のコンプライアンスの実践活動としては、まず、「磨く」のプロセスで、過去ではなく現在の規制をきちんと職員に理解してもらうことである。そして、いまの時点では、どういうことがダメなのか、感じる感性を養うのだ。次に、「みる」のプロセスで、従来から行ってきた業界慣行や社内慣行でも、いまはダメになっていることがないか、点検することが必要である。そして、「感じる」のプロセスで、いまはもうダメになったと認識するのである。さらに、「伝える」のプロセスで、職場内でそのことを共通認識とし、企業の本部にも、それを連絡する。また、「改善する」のプロセスで、もう、慣行はやめることにし、必要があれば、企業外の関係者にも伝える。企業の本部では、その慣行をやめることにしたことを企業全体に徹底するのである。

(4) 私益を図り、私腹を肥やす

企業の役職員が私益を図り、私腹を肥やすために不祥事を起こすことがある。

こうした不祥事の発生防止策は、経営者に対するものと従業員に対するものでは異なっている。

経営者に対するものは、第五章で述べたとおり、コーポレートガバナンスの問題として考える必要がある。経営者を牽制する仕組みをどうつくるかという問題である。

従業員に対するものについて、ここで、さらに検討しよう。

「考えるコンプライアンス」の整理では、まず、「磨く」で、企業活動で私利・私益を図ってはいけないということを従業員に身につけてもらうということになる。しかしながら、私益を図り私腹を肥やす人物は、ほとんどの場合、そのことが悪いことだということ自体は承知しているものだ。悪いことだと知りながら、何かの動機で悪いことをするのである。いわば確信犯である。その人に悪いことは悪いと思いなさいといっても、それで悪いことをやめることはあまり期待できない。

したがって、現実には、むしろ、「みる」ということで、周囲の従業員が悪事を働いている者、あるいは、悪事を働こうとしている者に気づくようにすることが重要である。そして、悪事をやめさせるのである。

そのためには、業務体制の面で考えれば、チェック体制を十分なものにして、不正をできないようにすることが必要である。コンプライアンスの面で考えれば、自分以外の人についても関心をもち、相互のコミュニケーションを深めていく。そうしたなかで、不審な兆候が把握されるように努めていくことが必要である。

(5) 新分野への参入時での不祥事

企業が新分野に参入した場合にも、不祥事が起こりやすくなる。

新しい分野に参入したにもかかわらず、従来の業務分野と同様の感覚で業務処理を行ってしまうことが原因となる。新しい分野に参入するのであるから、「磨く」のプロセスで、その分野での規制内容や規制の実施状況、さらには、所管の行政庁との関係といった規制環境をよく理解したうえで業務を行わなければならない。

さらに、規制環境のほかに、新分野で接触する人々の考え方ということも考慮する必要がある。従来の業務分野がコンプライアンスに厳しく、そうした環境のなかでお堅い仕事をしてきた人が、ややコンプライアンス面でルーズな業界と接するようになると、無防備なままになってしまう。そうしたことのないよう、「磨く」のプロセスのなかで、新しい分野での気構えを、きちんと研修し身につけさせることも必要である。

また、新規分野を担当させるということで、従来の業務分野と別の価値観をもつ人を中途採用することもある。業務体制の面で考えれば、チェック体制を再検討し、再構築することも考えなければならない。コンプライアンスの面で考えれば、その点も考慮した十分な研修をしなければならない。大和銀行ニューヨーク支店の事件からもそうした教訓を得ることができる。

(6) 新規採用者

この新規分野進出に伴う中途採用者の問題と同様の問題は、新規採用者一般でも起きる。

企業において、コンプライアンス優先の企業風土が相当程度にできあがってきたとしても、新たに企業が採用した者については、企業風土と同等のコンプライアンス意識の水準になるよう、十分な教育が必要である。特に、近年では雇用関係の多様化の進展により、雇用期間の短い従業員がふえている。そうなると、毎年の新規採用者は以前より多くなる。企業としては、増大した新規採用者への教育を整備し充実させなければならない。

(7) 隠　蔽

隠蔽は、積極的な行動をしないでも、黙っているとか、みてみぬ振りをするといった不作為でもできてしまう場合がある。不作為は心理的なハードルが低いので、だれでも、その誘惑にかられるときがある。そして、コンプライアンスを強化していくと、処分を恐れて問題を起こしても報告しないということも起こりうる。

企業としては、問題があったのにもかかわらずその報告を受けていないと、企業としての対応ができず、困ったことになる。

隠蔽を防ぐには、従業員に「磨く」のプロセスで、隠蔽行為は問題となった行為自体よりもいっそう悪い行為であるということを理解してもらうとともに、情報化が進み、オープンな処理をする時代になって、もう隠すことなどできず、いつかは判明するものだということの認識を深めてもらうことが必要である。目先、隠蔽ができそうでも、そうしてはいけないという強いモラルを育むことが必要である。

そして、コミュニケーションを活発にして、小さな不祥事でも話しやすい風通しのよい職場環境をつくることが必要である。

(8) 不注意によるもの

不祥事は、従業員の不注意からも発生する。個々の事案は、業務への緊張感が欠けていたために生じる場合が多いので、緊張感をもって業務を進めてもらうことが必要である。そうはいっても、それだけでは、不注意はなくならない。やはり、個人の注意力の問題としてとらえるばかりではなく、業務体制の問題としてとらえ、業務処理手順の見直しを行っていくことが必要である。

第八章

職場環境の問題

1　職場環境の問題

企業でコンプライアンス強化を進め、社内通報制度を運用していくと、セクハラ・パワハラなどといった職場環境の問題も、企業内規則や職場秩序の点から、コンプライアンス問題となる。

職場環境の問題の多くは、企業内部の問題であり、顧客など企業の外部の関係者に直接影響を与えることは少ない。

しかしながら、職場環境の問題は、企業の構成員である従業員にとっては非常に重要な問題であり、また人権問題にもなりうることから、関心もまた、大変に高い。そして、この職場環境の問題は、残念ながら結構頻発する。

企業としては、職場環境の問題について、きちんとした対応が必要である。

この章では、この問題を取り上げたい。

2 セクハラと男女雇用機会均等法

(1) セクハラに対する社会認識は厳しくなっている

セクシュアルハラスメント、略して、セクハラについての社会認識が、近年、大変厳しくなっていることはよく知られている。もう常識になったといってもいいだろう。

(2) 男女雇用機会均等法でも企業に体制整備を求めている

いわゆる男女雇用機会均等法（正式には「雇用の分野における男女の均等な機会及び待遇の確保等に関する法律」）でも、二〇〇七年施行の法改正により、企業は、従業員がセクハラの被害を受けないよう、従業員からの相談に応じ、適切に対応するために必要な体制の整備その他の雇用管理上必要な措置を講じなければならないこととされている。そして、厚生労働大臣は、事業者が講ずべき措置に関して、必要な指針を定めるものとされている（男女雇用機会均等法一一条）。

この法律を受けて、厚生労働省の告示により、措置の内容についての指針（「事業主が職場における性的な言動に起因する問題に関して雇用管理上講ずべき措置についての指針」）が示されている。また、この関係で厚生労働省の雇用均等・児童家庭局長の通達（「改正雇用の分野における男女の均等な機会及び待遇の確保等に関する法律の施行について」（平成一八年一〇月一一日））が発出されている。

(3) セクハラとは

この男女雇用機会均等法で対象としているのは、

① 職場における性的言動に対する従業員の対応（拒否など）により当該従業員がその労働条件につき不利益（配置転換など）を受けること（「対価型セクハラ」）

② 職場における性的言動により従業員の就業環境が害されること（「環境型セクハラ」）

である。

「性的言動」とは、厚生労働省の指針によれば、性的な内容の発言および性的な行動であり、前者には、性的な事実関係を尋ねること、性的な内容の情報を意図的に流布することなどが含まれ、後者には、性的な関係を強要すること、必要なく身体に触れること、わいせつな図画を配布することなどが含まれるとしている。また、厚生労働省の局長通達では、性的冗談、からかい、食事やデート等への執拗な誘い、個人的な性的体験談を話すこと等も「性的言動」に含まれるとしている。

上記のうち①の対価型セクハラは、「不利益」という客観的な要件もあり、明確であろう。

次に、②の環境型セクハラについては、指針では、「職場において行われる労働者の意に反する性的な言動により労働者の就業環境が不快なものとなったため、能力の発揮に重大な悪影響が生じる等当該労働者が就業する上で看過できない程度の支障が生じること」だとしている。

さらに、局長通達によると、環境型セクハラは単に性的言動のみでは就業環境が害されたことにはならず、一定の客観的要件が必要であり、一般的には意に反する身体的接触によって強い精神的苦痛を被る場合には、一回でも就業環境を害することになりうるし、継続性または繰り返しが要件となるものでも、明確に抗議しているにもかかわらず放置された状態の場合、心身に重大な影響を受けていることが明らかな場合には、就業環境が害されていると解しうるとしている。また、「労働者の意に反する性的な言動」および「就業環境を害される」の判断に当たっては、労働者の主観を重視しつつも、事業主の防止のための措置義務の対象となることを考えると一定の客観性が必要であるとしている。具体的には、セクハラが男女の認識の違いにより生じている面があることを考慮すると、被害を受けた労働者が女性であれば「平均的な女性労働者の感じ方」を基準とし、被害を受けた労働者が男性であれば、「平均的な男性労働者の感じ方」を基準とすることが適当であるとしている。ただし、労働者が明確に意に反することを示しているにもかかわらず、さらに行われる性的言動はセクハラと解されうるとしている。

環境型セクハラは、対象が広く、性的言動をする側は、これくらいは許されるだろうと思っていても、相手方の就業環境が局長通達にいう一定の客観性のある基準で害されたということになれば、セクハラとして取り扱われるということである。

(4) 厚生労働省の指針により事業主が求められていること

さらに、指針では事業主は職場のセクハラ防止のため、雇用管理上、次のような措置を講じなければならないとしている。

・事業主は、セクハラがあってはならない旨の方針を明確化し、従業員に周知すること

・違反者については厳正に対処する旨を服務規律などに定め、従業員に周知すること
・相談窓口を設置し、相談内容や状況に応じ適切に対応できるようにすること
・相談があった場合に事実関係を確認のうえ、適正な措置をすること、再発防止に向けた措置を講ずること
・セクハラに係る相談者・行為者等のプライバシーを保護することとし、従業員に周知すること
・セクハラに関し相談をしたことまたは事実関係の確認に協力したこと等を理由として、不利益な取扱いを行ってはならない旨を定め、従業員に周知すること

(5) 企業の対応

いまや、セクハラはいけないし、セクハラを起こせば大変なことになるということは、各企業でも相当に浸透していると思われる。厚生労働省の指針、局長通達で企業がとるべき行動が具体的に示されている。企業としては、この指針、局長通達の内容をよく理解し、これらの内容に沿った対応が必要である。職場では、そもそも性的言動は必要ない。こうした言動はしないように徹底していくことが必要である。

(6) セクハラは早期に対処することが必要

セクハラは、だれとの関係でも生じうる問題であるが、特に、上司と部下の間で起きると、被害者のほうが表面化させることをためらい、表面化したときには大きな問題になっていることが多い。

したがって、職場の管理者や職場のコンプラ担当者は、セクハラについて、できるだけ早期に、できるだけ小さな問題のうちに把握して、セクハラをやめさせることが必要である。そのためには、受け身では不十分で、職

場内にセクハラ問題がないか、よく注意していなければならない。職員間での話などもよくキャッチできるようなコミュニケーションの活発化が必要である。

(7) 直接コンプライアンス統括部門の耳に届いた場合

コンプライアンス統括部門は、各職場におけるセクハラ問題について、職場の管理者や職場のコンプライアンス担当者経由ではなく、セクハラの相談窓口とか、一般的な社内通報制度を通じて直接把握する場合がある。その場合は、すでに、そのセクハラ問題が職員間のコミュニケーションで解決できないようなレベルの問題になっていることが多いと考えられる。

そこで、コンプライアンス統括部門としては、当事者や事情を知る者から事実関係をよく把握しなければならない。事情を聞くにあたっては、被害者や被害の実態をよく知る者は、特に、セクハラの行為者が上司である場合には、その者の報復を恐れる場合が多いので、情報秘匿には十分注意しなければならない。

そして、事実関係を把握した後には、加害者側には内容に応じて、単なる注意にとどまらず、厳格な処分をすることを検討しなければならない。さらに、セクハラと認定できない場合にも、セクハラと疑われるような行動は、職場の人間関係を相当に悪化させるので、人事上の措置として加害者と指摘された者の配置転換が必要になる場合もあろう。

こうした、厳格な処置により、企業内において、「セクハラはダメだ」という意識は、さらに浸透していくのである。

(8) 企業外からのセクハラ

セクハラは、企業外からの、たとえば、取引先からの被害ということもある。

職場の管理者は、これを放置してはならない。直ちに、その取引先などにセクハラをやめるよう申し入れる必要がある。それができないということであれば、被害を受けている担当者を別の被害を受けるおそれのない担当者に交代させ、被害が継続しないようにすることが必要である。

3 パワハラ

(1) 「いじめ・嫌がらせ」「パワハラ」も問題になっている

最近では、職場における「いじめ・嫌がらせ」、「パワーハラスメント」略して「パワハラ」も問題になっている。

「いじめ・嫌がらせ」「パワハラ」については、セクハラのような法律はないが、二〇一二年一月に、厚生労働省のワーキング・グループ（職場のいじめ・嫌がらせ問題に関する円卓会議ワーキング・グループ）の詳しい報告が公表されている。なお、二〇一二年三月に円卓会議の提言も取りまとめられている。

(2)「いじめ・嫌がらせ」「パワハラ」の問題点

このワーキング・グループの報告では、まず、実態に即して、「いじめ・嫌がらせ」「パワハラ」の問題点として、被害を受けた人にとっては、人格を傷つけられ、仕事への自信や意欲を失い、結果として心の健康の悪化につながり、休職や退職に至る場合すらあるとしている。そして、周辺の人にも悪影響を及ぼし、企業にとっても損失になるとしている。

(3)「いじめ・嫌がらせ」「パワハラ」とは

そして、この報告では、「職場のパワーハラスメントとは、同じ職場で働く者に対して、職務上の地位や人間関係などの職場内の優位性を背景に、業務の適正な範囲を超えて、精神的・身体的苦痛を与える又は職場環境を悪化させる行為をいう」としている。さらに、この報告では、パワハラは、「上司から部下へのいじめ・嫌がらせを指して使われる場合が多い。しかし、先輩・後輩間や同僚間、さらには部下から上司に行われるものもあり」としている。

(4)「業務上の指導」との区別

さらに、この報告では、パワハラと「業務上の指導」との線引きとして、「業務上の適正な範囲を超え」るものかどうかを基準に整理している。

そこで、「個人の受け取り方によっては、業務上必要な指示や注意・指導を不満に感じたりする場合でも、これらが業務上の適正な範囲で行われている場合には、パワーハラスメントには当たらないものとなる」としている。

(5) パワーハラスメントの行為類型

また、この報告では、パワーハラスメントの行為類型としては、以下のものがあげられている。ただし、これ以外の行為は問題ないということではないことに留意する必要があるとしている。

① 暴行・傷害（身体的な攻撃）
② 脅迫・名誉毀損・侮辱・ひどい暴言（精神的な攻撃）
③ 隔離・仲間外し・無視（人間関係からの切り離し）
④ 業務上明らかに不要なことや遂行不可能なことの強制、仕事の妨害（過大な要求）
⑤ 業務上の合理性なく、能力や経験とかけ離れた程度の低い仕事を命じることや仕事を与えないこと（過小な要求）
⑥ 私的なことに過度に立ち入ること（個の侵害）

そして、①は、業務の遂行に関係するものであっても、「業務の適正な範囲」に含まれるとすることはできないとしている。

次に、②と③は、業務の遂行に必要な行為であるとは通常想定できないことから、原則として「業務の適正な範囲」を超えるものと考えられるとしている。

一方、④から⑥までについては、業務上の適正な指導との線引きが必ずしも容易ではない場合があるとしている。こうした行為について何が「業務の適正な範囲を超える」かについては、業種や企業文化の影響を受け、あるいは行為が行われた状況や継続性によっても左右される部分もあると考えられるため、各企業・職場で認識をそろえ、その範囲を明確にする取組みを行うことが望ましいとしている。

(6) 職場のパワハラをなくすために

そして、この報告では、職場のパワハラを予防・解決するための企業の取組み、行政の役割、労使の取組みについて提言している。

(7) パワハラと業務上の指導との区別

これまで説明してきた厚生労働省のワーキング・グループ報告をみても、パワハラへの対応がむずかしいのは、「業務上の指導」との区別をどうするかということにある。

セクハラであれば、「性的言動」の有無というわかりやすい基準がある。性的言動があれば、後は、拒否した労働者が不利益な取扱いを受けたのかどうか（対価型）、あるいは労働者の就業環境が厚生労働省の局長通達にいう一定の客観性のある基準で害されたかどうか（環境型）を判断するということで対処できる。

ところが、パワハラの場合は上司と部下の関係の場合によく起きるのであるが、それが、パワハラなのか、「業務上の指導」の範囲内なのかということを区別しなければならない。

(8) パワハラは職場における「いじめ・嫌がらせ」

筆者の私見であるが、パワハラの実質は、職場における「いじめ」あるいは「嫌がらせ」だと思われる。こうした日本語のほうが、実態をとらえていてわかりやすい。

「いじめ・嫌がらせ」は、人格攻撃によって行われる。そして、そうした人格攻撃が、感情的な嫌悪感という否定的評価に基づいて行われたときに、人は、人格や尊厳を傷つけられるのである。やや積極的な人格攻撃が「いじめ」であり、やや消極的な人格攻撃が「嫌がらせ」ということであろうか。つまり、「いじめ・嫌がらせ」は、感情的な嫌悪感に基づく人格攻撃による個人の尊厳の侵害であるといえよう。

(9) 職場でどうして「いじめ・嫌がらせ」が起きるのか

それにしても、小学校や中学校ではあるまいし、いい年をした大人が集まっている職場において、どうして「いじめ」や「嫌がらせ」が起きるのだろうか。さらに、筆者の私見を続けよう。

パワハラの多くは、上司が部下に対して起こすものなので、まず、この関係について考えてみよう。

職場において、上司と部下は、職務の遂行のために、企業が設定した関係である。上司は、一定の職務を行うことが求められ、職務の遂行のため、部下に指揮・命令する権限が与えられる。そして、その権限を使って、部下を指揮命令しつつ、自分の担当部署の職務を遂行していくのである。その際に、一般に上司は部下より業務経験が長く、業務の処理のやり方に通じており、また、企業のその時点の方針を承知しているので、業務処理について、部下をいろいろ「指導」することが多い。「業務上の指導」を行うことは、一般には、業務処理の円滑化になり、部下にとっても業務処理能力の向上につながるものであり、また、企業の方針に沿った業務処理となることから、むしろ、上司は部下を指導する立場にあるといっていいだろう。

ところが、上司のなかには、こうした業務の遂行のなかで、部下に対して感情的嫌悪感をもつようになってしまうことがある。さらに進んで、その部下に対して感情的嫌悪感に基づく人格攻撃を始めてしまうことがある。どういう理由で、上司が部下に対して感情的嫌悪感をもち、さらに進んで、人格攻撃を始めてしまうのかは、個々にさまざまな事情があろう。

ただ、特定人を攻撃するケースを考えてみると、上司のなかには職務遂行のために与えられた部下に対する指揮命令権を行使するうち、自分は部下より個人的にも優越していて、部下をまるごとコントロールすることができると勘違いする者が出てくるのではないか。そのような者は、部下を「指導」しているうち、部下が自分の思うようになっているのであればそれで満足する。しかしながら、部下が思うようにならない場合、感情的に不快になる。そして、その部下に、嫌悪感をもつようになってしまうことがある。さらに、その上司において、仕事に対するプレッシャーが強かったり、その部下とのコミュニケーションがうまくいっていなかったりすると、他人の人格を尊重するべきという自制心を失い、その部下に対して感情的嫌悪感に基づく人格攻撃による個人の尊厳の侵害を始めてしまうことがあるのではないか。

また、特定人ではなく、部下に対して見境なく攻撃的な対応をする場合もある。

そうした行動をとるのは、やはり、そもそも職務上の上下関係を個人的な支配関係と勘違いをして、部下の個人の尊厳を人格攻撃により侵害してしまうのか、あるいは、なんらかの精神的プレッシャーで感情の自制ができなくなり、部下の人格は尊重するべきものであるということを忘れてしまうのではないか。

このように、パワハラは、上司の側の職場の上下関係についての理解不足や精神状況などからくる自制心の不足が大きな要素になるのではないかと考えられる。

人への感情的嫌悪感は、上司と部下の関係でなくても、先輩・後輩間や同僚間でも生じうる。それが職場内の優位性を背景にした人格攻撃となり個人の尊厳の侵害に至れば、やはりパワハラである。ただ、パワハラが上司と部下の関係で業務の指揮命令と一体になった場合には、部下はそこから逃れることが困難であり、被害は深刻化するのである。

⑽「業務上の指導」と「いじめ・嫌がらせ」「パワハラ」の見分け方

そこで、「業務上の指導」と「いじめ・嫌がらせ」「パワハラ」とを、実際上、どう区別していくかについては、こう考えたらどうだろう。

まず、暴力行為は論外であろう。その他の行為についても、外形的には個人の尊厳を侵害する人格攻撃になっていないか、心情的には職場の上下関係を勘違いするなどして感情的嫌悪感を自制できずに行うものではないか、をチェックすることによって見分けていくのではないかと考えられる。

⑾ 企業のパワハラ防止への取組み

同じハラスメントでも、セクハラのほうが取組みが進んでいる。本章の2で述べたように、男女雇用機会均等法の規定があって、企業がセクハラに取り組むべきことが法律にも定められている。

パワハラは、被害者にとって大きな苦痛である。仕事への意欲を失いかねない。

企業にとって、職員が意欲を失うことは、望ましくないことであるし、職場全体の雰囲気も悪くなる。そもそも、職場内において、職場に起因したハラスメントが起きることを放置しておくこと自体が問題である。パワハラの被害もセクハラと同様に大きなものがあるだけに、企業としては、法規制がないにしても、セクハラと同様の取組みを進めていくことが必要であろう。

パワハラの発生を防止するためには、企業として、まず職場のパワハラはなくすべきものであるとの方針を明確化することが必要である。

その際、パワハラというカタカナ言葉では、「業務上の指導」との関係が一般の従業員にとってわかりにくいので、パワハラをなくそうといっても、職場内で十分な理解が得られないおそれもある。わかりやすく、パワハラは職場における「いじめ」や「嫌がらせ」であり、職場において部下を含めた従業員の個人の人格の尊厳は十分尊重しなければならない、職務上の上下関係を個人的な支配関係と勘違いしてはならない、感情的嫌悪感に基づく人格攻撃はしてはならない、ということを明確に示すことが適当だと考えられる。

⑿　パワハラ問題への具体的対応

パワハラは、職場で発生するので、職場の管理者や職場のコンプライアンス担当者は、職場で「いじめ・嫌がらせ」「パワハラ」が起きていないかをよく注意してみていなければならない。兆候があれば、すぐにそうした行為をやめさせせなければならない。

職場で処理できなかった問題は、コンプライアンス統括部門の耳にも入るであろう。そうなれば、コンプライアンス統括部門は事実関係の調査に入ることになる。

その場合、コンプライアンス統括部門が注意しなければならないのは、加害者と指摘された者は、多くの場合、実態は「いじめ」や「嫌がらせ」ではあっても、「業務上の指導」をしただけであるというであろう。また、現場の上級管理者に事情を聞いても、一般に、部下に厳しい者は、上級管理者からみれば仕事熱心と評価される場合が多いので、現場の上級管理者もまた「いじめ」や「嫌がらせ」をした者をかばって「業務上の指導」の範囲であるということも多い。こうした意見は、割り引いて考える必要がある。

パワハラで職場環境が悪化して被害を受けているのは部下層であることを忘れずに、、実態をよくチェックしなければならない。

パワハラ的事象があっても、それが「いじめ」や「嫌がらせ」であるという事実認定がしにくい場合がある。この場合、加害者と指摘された者の処分はできないとしても、従業員にとって働きやすい職場環境をつくるという観点から、そのパワハラ的事象が継続することは、適当ではないときも多くあろう。そのようなときには、その加害者と指摘された者について、そもそもその職務への適格性があるかどうかを十分に検討すべきであろう。そのうえで、人事的措置として加害者と指摘された者の配置転換で対応することも必要なケースもあるであろう。実際にはこうした対応をとることが、有意義なケースが多いと思われる。

経営者としても、パワハラ対策、「いじめ」や「嫌がらせ」対策について、積極的に意識すべき時期にきている。

4　メンタルヘルスの問題を抱えた従業員

職場には、メンタルヘルスの問題を抱えながら勤務している従業員もいる。こうした従業員は、回復するまで普通の従業員一人分の仕事はまだできないといった場合も多い。

他方、職場の管理者は職場の業績にもコミットしているので、実績をあげたいという気持ちがあることが通常である。

そこで、経営者としては、メンタルヘルスの問題を抱えている従業員の配置にあたっては、回復を優先させることを明確にし、その職場の管理者に無理な業績目標を与えないように留意することが必要である。

5　雇用関係の多様化

近年、雇用関係の多様化が急速に進んでいる。従前の職場であれば、ほとんどの従業員が終身雇用であることを前提としていたのであるが、最近では、多くの企業で同じ職場に多様な雇用関係の従業員が勤務する場合も多くなってきた。

雇用契約の類型が異なることにより、従業員の職場での意識も相当に異なっている場合も多い。そして、近年、労働法制の変化が激しく、雇用契約の類型別の規制も変わっている。

企業としては、こうした雇用契約関係の労働法制の変化をよくフォローし、従業員にも周知しておくことが適当である。

第九章

不幸にして不祥事が生じたときの対応

1　不祥事の発生

(1)　不祥事が起きてしまったら

これまで、不祥事が起きた場合の社会的非難やそれに伴う社会的制裁を避けるためには、不祥事を起こさないようにすることが大切だと述べてきた。そのために、コンプライアンス経営が必要だとも述べ、その具体的内容について述べてきた。こうしてコンプライアンス経営に努めてきた以上、不祥事が起きないことが望ましい。しかしながら、企業は、大勢の役職員が構成する。いくらいっても不心得者が出てしまうこともある。また、役職員の過失により、不祥事が起きてしまうことがある。

(2)　不祥事のダメージを最小限に

どのような原因にせよ、不祥事が起きてしまった場合には、その不祥事により企業が受けるダメージを最小限にするように努めることが重要である。このような対応を考えることもまた、コンプライアンス経営の実践活動の一つである。

企業不祥事に対する社会的非難や社会的制裁の大きさは、その時の社会の受け止め方次第というところがある。不祥事が起きた後、それにどう対応するかといった要素が結構重要なのだ。企業内の一部で起きた不祥事により、企業全体が社会から不信感を受けないようにするという視点が肝要である。

(3) 不祥事への対処は経営者の判断が重要

そして、発生した不祥事が大きくなればなるほど、企業への影響も大きくなるので、その不祥事への対応についての経営者の判断や責任は重くなる。

不祥事への対応を現場任せにすると、現場は不祥事を起こしたところでもあり、たいした問題ではないことにしたいという願望が生じて、甘い対応をするかもしれない。また、一部門の立場では、視野が限定され、社会の反応についての考慮も十分でない可能性もある。

したがって、不祥事が起きた場合は、経営者が企業全体の視点から社会との関係を考えて対処すべきである。大きな不祥事の場合は、経営者の判断が企業の存亡を決めることになるかもしれない。

(4) 不祥事対応の心の準備

不祥事が起きてから慌てないようにするには、日頃から事前に心の準備をしておくことが必要である。ただ、残念ながら、どのような不祥事が起きるかは事前にはわからない。わかるくらいなら不祥事が起きないような対策を講じることができるが、それができないから不祥事が起きてしまうのである。

したがって、心の準備も幅広く一般的なものから始め、次第に各企業の状況に応じた具体的ケースを想定したシミュレーションを考えていくことが適当であろう。

そこで、以下、この章では、不祥事対応に際しての一般的な事柄について述べよう。

2　不祥事対応の考え方

不祥事対応の一般事項

不祥事が起きてからの対応としては、一般的には、①早期把握、②隠蔽の回避、③応急措置、④事案の調査、⑤再発防止策の策定、⑥責任ある者の処分、⑦公表の検討、などが必要になる。以下、それぞれについて、順次検討しよう。

①　早期把握のためヒヤリ・ハット情報を活用しよう

不祥事は、早期に小さなうちに発見し、対処することが重要であり、小さければ、企業への影響も小さい。

そのためには、さまざまな方面からの情報のなかにあるヒヤリ・ハット情報に注意することが有効である。

ヒヤリ・ハット情報は、それ自体はヒヤリとした、ハットしたということで、問題にはならなかったケースとして伝えられているものが多い。もちろん、そうしたものも多いとは思うが、なかには、もう少しで不祥事になりかねないリスクの高い事象の発生を示しているものもある。また、すでに小不祥事となってしまっているが、報告上はヒヤリ・ハット情報とされている場合もあろう。

したがって、ヒヤリ・ハット情報はなるべく十分に活用して、早期に不祥事の発生を察知し、不祥事の芽を早めに摘んでいくという意識が重要である。

ヒヤリ・ハット情報は日常の業務報告のなかにある。また、内部通報制度を通じてもたらされるものもある。

経営者としては、こうした情報を積極的に活用するとの意識をもち、また、そうした意識を企業内にもたせていくことが必要である。

② 隠蔽は絶対ダメ

次に、実際に不祥事が起きた場合であるが、隠蔽は絶対にダメである。選択肢の対象外である。隠蔽には積極的に隠すことはもちろんであるが、それぱかりではなく、報告を受けても聞かなかったこと、知らなかったことにして放置するといった不作為も含まれる。

経営者としては、企業内で起きた不祥事の報告を受けると、それが世間に知られた場合に、企業の評価が下がり、社会的非難を受けるだろうという心配が頭をよぎることであろう。

しかし、経営者は企業内で不祥事が起きれば、自分には報告を求めるだろう。実態を知り、対策を講じるためである。報告がないと、こうした対応ができないので、後で不祥事発生を知れば、報告しなかった部下に不信感を抱くだろう。

これは、世間も同じである。世間の人は競争社会のなかで、提供される商品・サービスについて、自己責任で自分を守らなければならない。そのためには情報が必要であり、情報提供しない企業には不信感を抱く。最悪の場合には、情報提供しない企業に対し、市場からの退出を求めたくなるであろう。情報提供しない企業は、世間からの信用を失い、競争の土俵に乗ること自体が拒否されるかもしれないのである。

いまや、隠蔽は必ず世間にバレると思ったほうがいい。経営者に報告が来るまでに、すでに多くの人がその不祥事の発生を知っている。隠蔽は内部告発を誘発する行為だと思うべきである。

経営者が隠蔽すれば、その経営者も発生した不祥事について共犯になってしまう。そして、経営者の行為は企業全体の行為としてみられるため、企業全体が隠蔽したということで、不祥事について企業全体が全面的な責任を負うことになる。隠蔽は経営者と企業にとって、大変なリスクを背負い込むことになるのである。

隠蔽は企業評価の下落を、とりあえずは避けることができるようにみえるので、結構、誘惑的に感じるときもある。経営者は部下から隠蔽の提案を受けても、これを強い意志で拒否すべきである。弱い態度をとって、経営者は本心では隠蔽したいのかなと部下に誤解されるようなことがないようにしなければならない。

③ 応急措置の決定

不祥事の内容によっては、被害の拡大を防ぐため、あるいは再発をとりあえず防止するために、応急措置を講じることが必要な場合がある。経営者としては、不祥事の内容や世間の反応など、その時点で判明している情報を最大限に活用して、最善の応急措置を講じるよう、適切な判断に努めることが必要になる。

④ 不祥事の実態把握のための調査は十分に

応急措置がすめば、発生した不祥事の内容・原因については十分な調査を行わなければならない。十分な調査をすれば、愉快ではない事情が明らかになるかもしれない。また、不祥事といっても、それほど大事ではなく、たいしたことではないと思いたいかもしれない。しかし、調査を不十分なままですませようという気持ちになってはいけない。

調査が十分ではないと、世間では隠蔽に準じたものだと思い、やはり、企業に対する信頼をなくすことがある。昨今では、企業自身の手で十分な調査ができないのであれば、企業の外の第三者が中心となった委員会を設置して、そこで調査せよということになることが多い。

したがって、企業としても、受け身の立場にならないためには、自ら十分な調査を行うことが必要である。不祥事発生部署では十分な調査ができないと思う場合、他の部署により調査させることも考えなければならない。

⑤ 原因をふまえたうえでの再発防止策の策定

不祥事の内容・原因の把握がすんだら、不祥事が繰り返し起こらないように、原因をふまえたうえで十分に練った再発防止策を策定しなければならない。

再発防止策の内容は不祥事の内容に応じたものなので、一概にどういうものであるかとはいえないが、事務の流れの変更やチェック体制の整備、コンプライアンスのいっそうの強化など、さまざまなものが考えられる。

不祥事の原因が企業体質に根ざすような根深いものである場合もある。この場合、不祥事を契機に企業全体でよく反省し、企業体質の改善に取り組むことが必要となる。

経営者としては、再発防止策を企業全体に周知して、企業全体で不祥事発生防止に努めていくよう、企業内に号令をかけなければならない。

⑥ 事の善悪を明確にしたきちんとした処分

不祥事の内容・原因の把握がすみ、不祥事発生の責任の所在が明確になった場合、責任のある者については、きちんとした処分をする必要がある。

これは、厳しい処分をすること自体が目的ではないが、企業の価値観を企業の内外に示す場面になる。甘い処分をすると、不祥事に対して企業としてはたいして悪いことではないと考えているというメッセージになってしまう。

特に、「会社のため」という理由で不祥事が起きた場合、起こした職員の本心は会社で業績をあげて出世したいということなので、甘い処分にとどめると、そうした行動が企業内で是認されたと受け止められ、また「会社のため」といって同じような不祥事が起きかねない。きちんとした厳正な処分は、再発防止策の意味ももつ。

⑦ 公表をためらわない

問題案件が世間に知られていない場合、これを公表するかどうかは、なかなかむずかしい問題である。「世間が知らないのに、わざわざ公表して、企業の評価を下げ、社会的非難を浴びることはない」という意見も出るだろう。一方、「公表しないでおいた場合、あとで世間に知れると、隠蔽したといわれ、かえって大きなダメージを被る可能性がある」という意見もあろう。

まず、法令等のルール上、公表なり、行政への届出が必要となっているものであれば、迷うことなく、そのルールに沿って、公表なり、届出をすることが必要である。そのルールに従わないこと自体が不祥事になる。

明確なルールがなくても、その不祥事に係る商品・サービスなどが市場にあって、消費者の安心・安全に影響がある場合には、被害の拡大を防ぐため、すみやかに公表しなければならない。

それ以外の場合にどうするかが問題である。個別の事案の内容により判断するほかないが、いまの世のなかでは、透明性とか説明責任とか、公表を求める方向が強まっている。企業の評価を下げるので、企業としては公表を避けたいと思うような大きな問題であればあるほど、世間の側では公表を求めていると考えたほうがいいであろう。また、情報化が進んで、企業内の情報が世のなかに出て行きやすくなっており、結局は世のなかに知られる可能性も高まっている。さらに、積極的に公表を選択する場合には、準備をしたうえで行うことができるといった利点がある。迷うくらいの案件であれば、公表したほうがいいと思われる。

結局、公表しないのであれば、後で世間に知れて、なぜ公表しなかったのかと問われた場合でも、十分に説明できる事柄かどうかなどをふまえて判断することになる。

3　不祥事の発生と外部に知られるのがほぼ同時の場合

(1)　不祥事の発生と外部に知られるのがほぼ同時の場合

不祥事が発生したことを経営者が知ったときと、外部に知られるのがほぼ同時の場合がある。事故が起きたり、いきなり刑事事件になったり、経営者自身がマスコミ報道を通じてはじめて不祥事を把握したような場合である。

(2)　対応の基本的考え方は同じ

この場合でも、応急措置、十分な調査、再発防止策の策定、責任者の処分といった対応の基本的考え方は同じである。

ただし、こうした場合には、不祥事の内容が結構大きい場合が多いし、また、マスコミ取材への対応が迫られるなど、特有の問題がある。

(3)　広報（マスコミ対応）が重要

まず、広報（マスコミ対応）が重要になる。ワッと大勢のマスコミ取材が来ることが考えられる。大手の企業であれば、日頃から、マスコミとの付き合いのあることもあろう。ただ、普段の相手方は、経済部や広告部関係など、付き合いの長い場合が多いが、不祥事の発生ということになると、日頃付き合いのない、社会部の記者たちが来るのが普通である。記者会見を求められたり、テレビカメラが入ってきたりするので、緊張を強いられる。経営者は、普通、こうしたことに慣れていないので、平常心を保つのがむずかしく感じられよう。

こうした際には、記者はズカズカ踏み込んでくると感じられるが、マスコミは記者個人でなく、世間の代表であると考える必要がある。記者の向こう、テレビカメラの向こうには、常に大勢の世間の人がいて企業をみていると考えて対応することが必要である。

(4) 広報対応の中身の基本は企業の自浄能力を示すこと

広報対応の中身の基本は、企業に自浄能力があることを示すことにある。

不祥事発生時の広報対応では十分な時間がないなかで、すぐに回答を迫られる。十分に事実関係を把握できていない段階で回答を行わなければならない場合が多く、また、十分に準備する時間もない状況で予想しない質問を受け、その場でなんらかの返事をしなければならないことも多い。そこでの対応が、不祥事について世間からの評価を決定づけることになるかもしれない。

そうした状況での対応の基本は、細かな対応のテクニックにばかり神経を使うのではなく、企業自身は社会良識をもち、「自浄の意思」と「自浄能力」があるということを世間に示すことにある。そして、世間からの信頼を得ることが重要である。逆に、世間からみて、企業がその不祥事にきちんと対応するのだろうかということに不安を感じれば、今度は不祥事そのものよりも、企業自身に対して強い不信感を抱きかねない。そのようなことになれば、企業が受けるダメージは計り知れない。

企業の自浄能力を示すためには、十分な調査、再発防止策の策定、責任者の処分といった対応まで進んでいれば、それを公表すればいい。しかしながら、不祥事の発生直後に広報対応せざるをえない場合は、そこまで企業の対応が進んでいないのが普通である。そこで、企業の「姿勢」を強く示すことが必要である。

基本的には、不祥事は企業のなかで起きたことであるが、企業全体としては、その不祥事と一線を画すことが重要である。悪いことは悪いと認め、企業としてもそれは許さないという姿勢を示すことである。不祥事を庇おうとする言動をしてはならない。

そして、具体的な対応においては企業にとって不利なものであっても、わかっている範囲において事実を説明することである。何も答えないと、かえってさまざまな憶測が生じることがある。そして、悪かったらわびることである。さらに、その後において、きちんとした調査をすること、再発防止策を策定すること、判明した事実に基づく厳正な処分をすることを約束するのである。

当然、以後、これらの約束を実行するのである。

広報対応には、時間の許す限りの準備をすることが望ましいが、企業に「自浄の意思」と「自浄能力」があることを示すという対応の基本スタンスを常に頭に置いておくことが肝心である。

(5) 経営者が対応判断の中心になろう

不祥事発生と外部に知られるのが同時になった場合には、応急措置と広報対応について、短時間の間に、その時々の限られた情報のもとで次々に判断が求められる状況になる。

こうしたなかで最善の判断をしていくことは、なかなか容易ではない。情報をできる限り集め、いろいろ意見が出るかもしれないが、最終的には経営者の責任で判断していくことが必要である。

(6) 不祥事に経営者が関与している場合

なお、外部の知るところとなった不祥事に、経営者自身がかかわっている場合がある。それは、不祥事の発生そのものではなくても、その不祥事の隠蔽にかかわった場合もあろう。この場合、その経営者自身が、企業には「自浄能力」があると説明しても、世間の納得は得にくいこともあろう。

不祥事の大きさにもよるが、不祥事にかかわりのない後継者への引き継ぎを検討せざるをえないこともある。不祥事は、後継者の予定を変えてしまうこともよくあるのである。

こうしたことがないようにするには、やはり、日頃から地道にコンプライアンスの強化への取組みを進めていくよりほかはないのである。

これまで、経営者の立場・視点に立って、「コンプライアンス経営」の重要性や、企業においてコンプライアンスを実践していく際の留意点について、私なりの考えを書いてきた。経営者の方々におかれては、現在のような国際化が進んだ社会において、コンプライアンス経営が企業の生き残りのために必須の条件になっていることを十分に念頭に置いたうえで、この本の内容も参考にして、コンプライアンスの徹底に務めていただきたい。

【参考文献】

●コンプライアンス一般

『内部統制対応版　企業コンプライアンス態勢のすべて』大塚和成編著　滝川宣信・藤田和久・水川聡　金融財政事情研究会　二〇一二
『実務　企業統治・コンプライアンス講義』井窪保彦・佐長功・田口和幸編著　民事法研究会　二〇〇六
『なぜ企業不祥事は、なくならないのか』國廣正・五味祐子　日本経済新聞社　二〇〇五
『それでも企業不祥事が起こる理由』國廣正　日本経済新聞出版社　二〇一〇
『コンプライアンス革命』郷原信郎　文芸社　二〇〇五
『企業法とコンプライアンス』郷原信郎　東洋経済新報社　二〇〇六
『コンプライアンスの理論と実践』岩倉秀雄　商事法務　二〇〇八
『実践！　コンプライアンス導入の手引き』高田亨　中経出版　二〇〇八
『図解　コンプライアンス経営（第三版）』浜辺陽一郎　東洋経済新報社　二〇〇六
『等身大で語るコンプライアンス講座』中村葉志生　大学教育出版　二〇〇七

●内部統制

『内部統制の理論と実務』鳥羽至英　国元書房　二〇〇五
『内部統制とは、こういうことだったのか』國廣正・小澤徹夫・五味祐子　日本経済新聞出版社　二〇〇七
『金融機関の内部統制（改訂版）』新日本監査法人金融部　金融財政事情研究会　二〇〇七

●内部通報制度

『コンプライアンスのための内部通報制度』國廣正・五味祐子・青木正賢・芝昭彦　日本経済新聞社　二〇〇六

●COSOレポートの訳書

『内部統制の統合的枠組み【理論篇】』鳥羽至英・八田進二・高田敏文共訳　白桃書房　一九九六
『内部統制の統合的枠組み【ツール篇】』鳥羽至英・八田進二・高田敏文共訳　白桃書房　一九九六

●ＣＯＳＯのＥＲＭフレームワークの訳書
『全社的リスクマネジメント　フレームワーク篇』八田進二監訳　あらた監査法人訳　東洋経済新報社　二〇〇六
『全社的リスクマネジメント　適用技法篇』八田進二監訳　みすず監査法人訳　東洋経済新報社　二〇〇六
●不祥事研究
『組織不祥事研究』樋口晴彦　白桃書房　二〇一二
●企業倫理・ＣＳＲ
『企業倫理と企業統治―国際比較』中村瑞穂編著　文眞堂　二〇〇三
『実践　企業倫理・コンプライアンス』産業能率大学総合研究所企業倫理研究プロジェクト編著　産業能率大学出版部　二〇〇八
『ＩＳＯ２６０００実践ガイド―社会的責任に関する手引―』松本恒雄監修　中央経済社　二〇一一

【著者紹介】

細田　隆（ほそだ　たかし）

［略歴］

一九五五年　生まれ

一九七八年　司法試験合格

一九七九年　東京大学法学部卒業

　同年　大蔵省入省

以後、銀行局総務課、銀行局中小金融課、オーストラリア国立大学留学、日本専売公社監理官付、会津若松税務署長、主計局共済課補佐、主計局主査（通産担当）、理財局国債課補佐、銀行局中小金融課補佐、銀行局総務課企画官、東京国税局調査第一部長、京都大学大学院法学研究科教授（客員教授）、主計局主計企画官、主計局主計官（文部、科学技術担当）、金融庁検査局審査課長、同総務企画局企業開示参事官、防衛庁会計課長、理財局国有財産企画課長、中小企業金融公庫理事、総務省大臣官房審議官（自治財政局）、名古屋税関長、住宅金融支援機構理事、財務省大臣官房審議官などを務める

［著作］

「転換期の金融システム」金融財政事情研究会、一九九八年

［主要論文］

「各国の貯蓄金融機関・公的金融・協同組織の金融機関」インベストメント（大阪証券取引所）、一九九八年八月号

「アメリカの大恐慌時における銀行恐慌とＲＦＣの活動」インベストメント（大阪証券取引所）、一九九九年六月号

「地方公営企業の地方財政措置の財源図（第一回から第五回）」公営企業（地方財務協会）、二〇一〇年二月号から六月号

経営者のための実践的コンプライアンス

平成25年7月16日　第1刷発行

著　者　細　田　　　隆
発行者　加　藤　一　浩
印刷所　図書印刷株式会社

〒160-8520　東京都新宿区南元町19
発行所・販売　株式会社 き　ん　ざ　い
編 集 部　TEL03(3355)1770　FAX03(3355)1776
販売受付　TEL03(3358)2891　FAX03(3358)0037
URL http://www.kinzai.jp/

ISBN978-4-322-12335-7